자유로 경매 스터디

경매 + NPL

초보였던 경매인들 10명이 모여

초보인의 시각으로 바라본

자유로 경매 스터디

경매 + NPL

하움출판사

초보 경매인들을 위한 이 책은 작성자 개개인들의 지식과 네이버에 기재되어있는 내용 등을 참고하였으며, 미리캔버스의 캐릭터 등을 조합하여 만들었습니다. 출판량을 통해 상업적인 이득을 얻기 위함이 아니기에 소량 출간했으며, 만약 책 출판으로 얻어지는 수익금이 있다면 전액 기부를 약속합니다.

경매 초보의 입장에서 알고 익혀야 할 주요 용어들과 초보로서 참고하실 내용들도 함께 기재하였습니다. 경제적 자유를 꿈꾸는 10분과 이 책을 함께 준비했습니다. 경매의 기초적인 과정을 알아가기 위한 초석이 되었으면 하는 바람입니다.

기존 방식과는 다른 방식, 낙찰은 물론 패찰임에도 수익을 내는 새로운 제3의 경매 방식을 만들었고 실행했습니다. 책에 전체 과정과 실무적인 내용을 모두 쓰기에 어려운 내용들이 있어, 다소 디테일한 부분이 떨어짐에 양해를 구합니다.

이 책은 저희의 새로운 시작입니다.

그 시작을 많은 분과 네이버 카페에서 함께 공유하길 희망합니다.

'자유로경매스터디'를 함께 고민하고 이끌어 주시는 오프라인 멤버분들께 진심으로 감사드리며 '자유로경매스터디' 카페를 함께 운영해 주시는 회원님들께 감사의 말씀 올립니다.

경매인으로서의 발자취를 남기기 위해 열심히 준비했음에도 부족한 점이 있을 듯합니다. 초보 입장에서의 의견 또는 질문 등이 있으실 때 이메일을 보내 주시면 성심껏 답변 올리겠습니다.

2023. 08. -자유로-

네이버 카페 : https://cafe.naver.com/fr22auction

이메일 주소 : painz09@naver.com

스터디 주소 : 경기도 용인시 처인구 포곡읍 둔전로47번길 21,
라데팡스 2층, 3층 자유로경매스터디

01

차례

용어

주택을 담보로 돈을 빌려주는 행위.

근저당 설정을 실행 후 등기부등본 을구에 설정 사실이 등기된다.

원금+이자+법정연체이자를 포함한 설정 최대한도의 금액으로 등기된다.

채무자의 재산을 압류하여 현상을 보전하고, 그 변경을 금지하여 장래의 법적 집행을 보전하는 절차.

채권자의 금전채권을 보호하기 위한 행위로, 정식 판결이 나기 전 채무자가 법의 집행을 피하기 위해 자신의 재산을 임의로 처분하는 것을 대비해 해당 금전채권의 처분을 금지하는 제도.

갑구

등기부등본은 표제부, 갑구, 을구로 구분되며. 갑구는 부동산 소유권에 관한 사항을 표시한다.

순위번호와 순서에 따라 소유권 변동이 기록된다.

공부(공적장부)

사실관계를 기재한 공적장부(토지대장, 임야대장, 건축물대장, 등기부, 지적도, 임야도 등).

강제경매(비교: 임의경매)

판결문을 통해 진행되는 일반채권자의 경매 사건.

즉, 국가로부터 확인받은 집행권원으로 진행하는 경매.

가지급금

경매신청 시 법원에 우선 납부하는 경매진행 비용.

경매사건 종료 후 선지급한 경매비용은 돌려받게 된다.

갭투자

매매가격과 전세가격 차이(갭)만큼의 돈만 갖고 집을 매수한 후 직접 살지는 않고 임대주택으로 공급하다가 집값이 오르면 매도해 차익을 실현하는 투자법.

☑ **경매기입등기** ·· 37

채권자의 해당 부동산에 대한 경매신청 접수 날짜.

경매기입등기는 돈을 받을 수 있게 되는 것은 아니지만 이를 등기부상에 기재하게 되면 처분을 금지하는 압류와 같은 효과가 발생한다.

☑ **계약갱신요구권** ·· 38

임차인이 계약갱신을 요구할 수 있는 권리.

임대차 종료 6개월 전부터 종료 1개월 전까지 갱신요구를 할 수 있다.

계약갱신요구 및 청구권은 1회에 한한다.

경매정보지

경매에 관한 각종 정보를 제공하는 정보지.

유료, 무료 등 다양한 정보지가 있으므로 본인 환경을 고려하여 선정.

금전채권, 비금전채권 ··· 66

채권은 상대방의 행위를 청구할 수 있는 권리로 계약(약속)에 의해 발생.

돈이 오고 가는 거래는 금전채권, 돈이 오고 가지 않는 거래는 비금전채권으로 금전채권은 통지, 비금전채권은 동의나 승낙을 받아야 대항요건을 갖추게 되며, 금전채권은 압류와 가압류, 비금전채권은 가처분으로 채권을 보전한다.

부동산의 면적(건폐율, 용적률, 연면적) ························· 40

부동산이 위치하는 지역, 기능에 따라 지역의 균형 발전 등을 위해 용도지역이 결정되며 용도지역에 따라 구조물의 설치 규정이 존재한다.

건폐율, 용적률 등은 부동산의 가치와 직결되므로 부동산 투자 시에는 해당 부동산에 대한 용도지역 등을 충분히 파악하고 관계 기관과의 협의를 통해 합리적이고 경제적인 투자가 이루어지도록 하여야 한다.

경매절차 ·· 44

경매신청–개시결정–매각–허가결정–확정–잔금납부–배당 및 종결.

금전소비대차

돈을 빌려주면서 언제까지 갚겠다고 작성하는 계약서.

☑ 구상권 ·· 49

채무를 대신 변제해 준 사람이 채권자를 대신하여 채무 당사자에게 반환을 청구할 수 있는 권리.

☐ **계고**(경매절차 내용 확인)

강제집행을 진행하기 전에 집행관과 대동하여 해당 물건에 강제경매의 집행을 예고하는 과정.

보통 강제집행을 신청한 뒤 1~2주 전후로 진행된다.

☑ 가등기 ·· 50

미래에 행해질 본등기를 위해 순위 보전을 하는 예비적 등기.

해당 부동산의 부당한 소유권 이전을 막고 원활한 소유권 이전을 위한 등기 순위를 확보하는 행위.

☐ 근린생활시설

주택가와 인접하여 주민의 생활 편의를 도울 수 있는 시설 등을 말하는데 카페, 편의점 등과 같은 시설물을 의미하며 용도별로 제1종과 제2종 근린생활시설로 분류된다. 장점과 단점이 존재하므로 경매 시 주의를 요한다.

☐ 강제집행

채권자의 신청을 통해 국가 권력에 의하여 강제적으로 실현하는 법적 절차.

해당 경매사건의 마지막 단계(경매절차 내용 확인).

법원의 재판으로 어떤 행위를 임시로 요구하는 것.

비금전채권(소유권 등)의 청구권에 대한 집행을 보전하거나 권리관계의 지위를 임시적으로 정하기 위한 법원의 일시적 명령.

농취증

농지취득 자격증명.

농지매수인의 농민 여부, 자경 여부 등 농지소유 자격과 소유 상한을 확인하고 심사하여 적격 농민에게만 농지의 매입을 허용함으로써 비농민의 투기적 농지 매입을 규제하고 경자유전의 실현을 도모하기 위해 만든 제도.

토지 경매 입찰 참여 시에는 농취증 발급 가능 유무를 먼저 파악하여야 한다.

내용증명

법률상 특별한 효력은 없지만 어떠어떠한 내용을 보낸 사실이 있다고 증거로 남기는 행위.

☑ 당해세 54

경매로 나온 부동산 자체에 대하여 부과된 조세와 가산금.

종합부동산세, 상속세, 증여세 등의 국세와 재산세, 자동차세 등의 지방세로 해당 부동산에 부과된 세금.

해당 주택에 대한 국세, 지방세 등 국가에 우선적으로 배당되어 왔으나 2023년 4월 1일 기존 임차인과의 날짜 비교를 통해 우선 배당순서가 가려진다.

경매로 낙찰을 받으려 하는 자는 경매 규정상 인수요건이 존재할 경우 당해세에 대한 면밀한 검토가 필요하다.

대항력

임차주택(상가)이 매매나 경매 등의 사유로 소유자가 변경되는 경우 새로운 소유자(낙찰자)에게 계속 임차권을 주장할 수 있는 권리.

말소 기준 날짜를 기준으로 빠른 날짜면 대항력이 있고 늦으면 대항력이 없다.

대지권 미등기

건물에만 등기가 되어 있고 토지 등기부가 존재하지 않는 경우.

단순히 절차상 늦어진 경우와 분양대금 미납에 의한 발생 등 여러 가지 경우에 의해 발생한다.

☑ 대위등기 ·· 56

채권자가 등기권리자 또는 등기의무자를 대신하여 하는 등기.

채무자가 채무 회피를 목적으로, 또는 사망 등에 의해 등기 정리가 이루어지지 않은 경우 등에 대해 채권자가 대신 권리행사를 할 수 있게 하는 행위.

대위변제

채무자가 아닌 제3자(공동채무자 등)가 채무자 대신 채무를 변제하고 변제를 해 준 사람은 구상권을 취득하게 되므로 채권자의 범위 내에서 권리를 행사하는 NPL 방식 중 하나.

법정대위변제(이해관계인)와 임의대위변제(채무자의 동의가 필요한 제3자) 등이 있다.

대손충당금

금융기관이 대출 이후 예상되는 상환 불이행에 대비해 미리 적립금으로 쌓아 놓는 금액.

☑ 도시형 생활주택 ·· 58

단지형 연립주택, 단지형 다세대주택, 원룸형 등 1~2인 가구의 주거 안정을 위해 국민주택 규모의 300세대 미만으로 구성된 주택.

대금미납

경매 낙찰 후 잔금 납부 기간이 지났음에도 잔금을 미납한 경우.

보증금은 몰수되며 그 보증금은 법원에서 보관하다 배당일 낙찰금을 더해 채권자들에게 배당해 준다. 대금미납자는 같은 사건에 재입찰을 할 수 없다.

경매 입찰 전 본인의 여건에 맞는 은행별 대출 한도 파악은 매우 중요한 요소로 사전 은행과의 대출 상담 후 입찰에 참여하여야 하며 은행 대출 한도에 따른 다양한 투자 방법을 염두에 두고 입찰하여야 한다.

론세일

채권자의 모든 권리를 양도하는 방식으로 채권양수인이 부실채권을 원리금 기준으로 할인가로 매입한 뒤, 저당권 순위 확보 후 본인이 직접 낙찰을 받거나 입찰에 참여하지 않고 배당만 받는 방법으로 채권양수인이 채권에 관한 모든 권한을 양도받는 방식(대부법인은 가능하나 개인은 매입 불가).

물권은 특정 물건을 직접 지배하여 배타적 이익을 얻는 권리로 민법상 권능의 권한을 가지는 소유권과 소유자의 권능을 제한하는 제한물권으로 구분된다.

제한물권은 용익물권인 지역권, 지상권, 전세권과 담보물권(처분물권)인 유치권, 질권, 저당권 등으로 구분된다.

또한 관습법상의 물권인 법정지상권, 분묘기지권 등이 있다.

경매에서 매수인이 대금납부를 하면 말소기준을 포함한 소멸 또는 인수되는 기준이 되는 권리를 말하며 저당권, 근저당권, 압류, 가압류, 담보가등기, 경매기입등기, 배당 신청한 선순위 전세권 등이 말소기준권리가 된다.

매각물건명세서

경매 매각물건에 대해 법원이 구체적으로 기술해 비치해 두는 경매 사건의 핵심적인 권리 사항을 담은 서류.

매각물건명세서는 매각물건에 대한 법원의 공식적 정보를 기록한 유일한 서류로 해당 물건의 각종 정보와 기타 사항을 제공한다.

입찰 참가자는 반드시 경매 입찰 전 매각물건명세서의 열람과 분석이 필요하다.

명도

새로운 점유를 위해 기존의 점유자를 내보내는 행위.

법문상으로는 '인도'라는 용어로 규정하고 있다.(「민사집행법」 제258조 1항)

무담보채권

담보물이 없이 대출해 주는 신용대출 등의 채권.

묵시적 갱신 ·· 69

임대차 기간이 종료됨에도 서로의 요구 사항 및 변동 사항 없이 종전 계약이 유지 및 연장될 때를 말한다.

매각허가 결정 ·· 69

법원이 매각기일 종료 후에 이해관계인의 진술을 듣고 법적으로 이의 사유가 있는지 여부를 조사한 후에 경매대상 부동산을 최고가 매수인에게 매각하도록 결정하는 선고. 낙찰 1주일 후에 결정된다.

매각허가 확정 ·· 69

매각허가 결정 후 이해관계인의 항고 등을 위해 1주일 정도 후에 최종 매각을 확정하는 선고.

☑ 배당요구 종기일 ································ 70

경매사건의 이해관계자 중 채권자가 낙찰대금에서 본인의 몫을 변제받기 위해 권리를 신고하고 배당을 요구하는 절차의 마감 기일.

배당요구 종기일이 지나서 신청한 것은 배당신청을 하지 않은 것으로 간주한다.

☑ 배당철회 ································ 71

배당종기일 이전에 신청했던 배당신청을 철회하는 행위.

경매에 참여하고자 하는 이는 입찰 전에 배당철회 여부를 확인해야 한다.

☑ 배당신청 ································ 72

채권자에 의해 개시된 경매절차에 참여하여 경매대상이 된 재산의 매각대금에서 변제를 받으려는 「민사집행법」 상의 행위.

☑ 배당기일 ································ 76

경매 집행 절차에 있어 배당을 실행하는 경우 배당표에 의한 진술과 실제 배당을 집행하기 위해 법원이 지정한 기일.

배당기일에 출석하지 않으면 채권자는 배당에 동의한 것으로 간주한다.

☑ 보증금 증액 ································ 77

재계약 등에 의해 보증금을 증액하는 경우.

증액 계약을 하는 방법은 기존 계약서를 활용하는 방법과 새로운 계약서를 작성하는 방법이 있으며 반드시 확정 일자를 다시 받아야 한다. 또한 증액 전에 해당 물건에 새로운 근저당 등이 추가되었는지 확인하여야 한다.

☑ (법정)**지상권** ······································· 79

토지의 소유자와 건물의 소유자가 다른 상태에서 건물의 소유주가 법적으로 정당히 토지를 사용할 수 있도록 법률적으로 규정한 권리.

☑ **분묘기지권** ······································· 82

타인의 토지에 설치된 분묘를 소유하기 위해 해당 토지를 사용할 수 있는 권리. 관습에 의해 인정되는 지상권과 유사한 물권.

□ **부당이득반환청구소송**

법률상 원인이 없이 타인의 재화나 노무로부터 이익을 얻은 자에게 권리자가 반환을 청구하는 소송.

□ **분할청구소송**(비교: 지분경매)

두 명 이상이 공동으로 소유하고 있는 공유물(재산)을 각각의 지분별로 분할하기 위해 청구하는 소송.

☑ **방어입찰** ······································· 86

부실채권매입자, 지분권자, 세입자, 채권자 등이 배당금 순위에 밀리거나 손실 발생 우려 시 타인이 낙찰받는 것을 막기 위해 참여하는 입찰.

☑ 상가건물 임대차보호법 ·· 87

상가 건물 임대차에 관하여 민법에 대한 특례를 규정하여 국민 경제생활의 안정을 보장함을 목적으로 만들어진 법.

☑ 선순위와 후순위 ·· 88

말소기준권리를 기준으로 하여 빠른 날짜의 권리를 대항력이 있는 선순위, 말소기준보다 날짜가 늦어 대항력이 없을 때 후순위라 한다.

☑ 순위배당 ·· 89

순서에 의한 배당.

☑ 소액임차인 ·· 90

임대차 보증금이 「주택 및 상가건물 임대차보호법」에서 정한 금액보다 적은 임차인.

□ 소액임차인표

임차인의 보증금, 담보물권 설정일, 지역에 따라 소액임차인 해당 여부, 최우선변제금을 나열해 둔 표.

□ 송달

일반송달, 재송달, 특별송달, 공시송달 등으로 대상자에게 내용을 전달하여 알리는 행위.

☑ 상계신청서 ·································· 93

해당 물건에 채권과 채무가 동시에 발생했을 때 같은 액수만큼 소멸해 달라고 법원에 제출하는 서류.

☐ 사후정산(유입식)

NPL의 방식 중 하나로 채권매입 후 직접 입찰을 통해 낙찰을 받고 잔금 납부 후 사전 채권매입계약서 내용에 따라 이행하는 방식.

실투자금과 연간 순소득을 기준으로 하여 수익률을 계산한다.

월세 수익률, 단타 수익률, 장기투자 수익률.

☐ 압류

국가기관이 강제로 다른 사람의 재산처분이나 권리 행사 등을 하지 못하게 하는 것(세금 체납 등의 이유).

☐ 우선변제권

우선하여 변제를 받을 수 있는 권리.

☐ 을구

등기부등본상에 소유권의 기능을 일부 제한하는 소유권 이외의 제한물권 관련 사항을 기재.

계약 기간 종료에도 보증금을 반환받지 못한 임차인이 임대인의 동의 없이 신청할 수 있다.

임차권 등기 후 전출을 하더라도 대항력은 유지된다.

☐ 임의경매

채무자의 채무 불이행 시 채권자가 담보로 제공받은 부동산에 설정한 저당권, 근저당권, 전세권, 담보가등기 등을 행사하여 채권을 회수하는 법적 절차로 재판을 거치지 않고 법원에 곧바로 신청하는 경매.

☑ 유치권 ·· 98

등기에 표기되지 않으나 물권 중 하나로서 타인의 물건이나 유가증권을 점유한 자가 그 물건이나 유가증권에 관하여 생긴 채권이 변제기에 있는 경우에 그 채권을 변제받을 때까지 그 물건이나 유가증권을 유치할 수 있는 권리.

☐ 인도명령 신청

잔금 납부와 동시에 소유권을 취득하고 인도명령 신청을 통해 이전 소유자에게서부터 해당 부동산을 인도받기 위한 신청서.

☑ 임장 ·· 100

실제 물건지의 환경, 학군, 향, 층 등을 조사하는 행위.

☑ 우선매수청구권 ·· 105

부동산의 지분권자로 제3자에게 매도하기 전에 같은 조건으로 매수할 수 있는 권리로 1회에 한하여 행사할 수 있다.

☐ 이해관계인

해당 사건의 직접적인 관계인.

☑ **안분배당**(평등배당) ································· 106

총채권에 대한 자기채권 비율만큼만 배당.

1. 가압류 A 자기채권÷총채권액×낙찰 금액

2. 가압류 B 자기채권÷총채권액×남은 금액

☑ **양도세, 증여세, 상속세** ································· 107

토지, 건물 따위를 유상으로 양도하거나, 증여, 상속하였을 때 내는 세금.

대한민국 법원이 운영하는 전자소송 시스템을 이용하여 소를 제기하고 소송 절차를 진행하는 재판 방식.

해당 행정복지센터에 거주지 변경에 따른 전입신고를 함으로써 대항력이 생긴다. 전입 다음 날 0시부터 효력이 발생한다.

채권의 담보로 제공된 부동산에 대하여 일반 채권자에 우선하여 변제받을 수 있는 약정 담보물권.(「민법」 제365조 이하)

타인의 부동산을 일정 기간 사용, 수익할 수 있는 용익물권으로 사용 후 그 부동산을 반환하고 전세금을 반환받는 권리.

자기 땅의 편익을 위하여 남의 땅을 이용할 수 있는 권리.

☐ 지상권

타인의 토지에서 건물, 기타의 공작물이나 수목을 소유하기 위하여 그 토지를 사용할 수 있는 물권.

지상권은 사용 목적에 따라 견고한 건물 및 수목 30년, 그 외 건물 15년, 건물 외의 공작물 5년으로 제한한다.

주임법(주택임대차보호법)

임차인의 보호를 강화한 법률로 「민법」에 대한 특별법.

지분경매 ······································· 119

동일 부동산을 공동으로 소유한 2명 이상의 소유자 중 한 명의 지분만 나온 경매.

질권, (근)질권 ······································· 122

근저당의 채권을 매입할 때 매입할 근저당을 담보로 대출을 받는 것.

점유이전가처분 ······································· 123

보전처분의 일종으로 채무자가 부동산에 대한 점유를 다른 사람에게 이전하지 못하게 하는 신청.

집행권원 ······································· 124

국가의 강제력에 의해 실현될 청구권의 존재와 범위가 표시되고 집행력이 부여된 공정증서.

취득세: 주택을 취득하면 내는 국세.

재산세: 부동산 등을 보유하는 동안 정기적으로 부과되는 지방세.

☐ 최우선변제권

소액임차인의 보증금 중 일정 금액을 낙찰금의 1/2 범위 내에서 최우선으로 변제를 받을 수 있는 권리(소액임차인 내용 확인).

경매 시 채권자가 받아야 할 원금과 이자, 법정 연체이자, 그 외 정당히 요구할 수 있는 금액의 총합.

☐ 채권양도양수계약

채권을 사고파는 계약.

부동산 소유권 취득 이후의 계획.

부동산 투자(경매 포함) 시 반드시 출구전략을 수립한 후 투자하여야 한다.

☐ 채무인수

NPL의 방식 중 하나로 채권을 매입한 뒤 계약서를 작성하고 상계신청서를 채권자로부터 부여받은 뒤 낙찰 후 대금납부를 대신해 상계처리를 하는 방식.

☑ 채권행사 권리금액 ······························· 129

채권의 원금과 이자율, 법정이자율, 연체일수를 계산해 배당일까지의 원금과 총이자를 합산한 금액.

☑ 차액약정보전금 ································ 130

채권 매입가와 낙찰 후 차순위 입찰금액의 차이를 약정을 통해 이행하는 방식.

유동화회사에서 매매한 채권매각금액과 해당 물건의 경매입찰 차순위 금액과의 차액에 대하여 규정을 두어 유동화회사로 돌려주는 금액.

☑ 채권매입의향서 ································ 132

채권을 매입하고 싶다는 내용을 문서화한 것으로 대부분 개인이나 법인이 유동화회사와 접촉하여 협의가 이루어지면 작성하는 문서.

정해진 서식이 있는 것이 아니므로 투자자 간 필요한 사항을 중점적으로 합의하여 기록하면 된다.

표제부

등기부등본은 표제부, 갑구, 을구로 구분되며 표제부는 건축물의 소재지, 명칭, 번호 등과 대지권을 표시한다.

필요경비

해당 경매 물건을 위해 사용된 비용 및 부동산의 값어치를 오르게 하기 위해 사용된 비용.

피담보채권

담보물이 제공된 채권.

부동산 임대차계약 후 실제로 해당 부동산에 입주하기 전, 임대차계약을 맺은 것을 공신력 있는 기관(행정복지센터)을 통해 계약서 등록을 하는 행위.

형식적 경매

지분권자들의 지분 분할을 위해 채무가 있고 없음에 상관없이 경매를 통해 해당 부동산을 처분할 목적으로 진행되는 경매.

현황조사서

법원의 집행관들에 의해 앞으로 진행될 경매 물건의 현장답사를 통해 부동산 현황, 점유관계, 구조도, 임대차관계 등이 조사된 내용을 담은 서류.

「상가건물 임대차보호법」 에 의해 임차인의 대항력 여부를 평가하는 기준.

환산보증금=(월세*100)+보증금

AMC(Asset Management Company)
자산관리 및 업무위탁사.

AM(Asset Manager)
부실채권을 담당하는 관리자로 AMC의 직원.

NPL(Non Performing Loan) ······························· 138
금융기관이 빌려준 돈을 회수할 가능성이 없거나 회수가 어렵게 된 부실채권.

SPC(Special Purpose Company)
유동화 전문 유한회사.
부실채권을 매입하기 위해 일시적으로 설립되는 특수 목적 회사.

자유로경매스터디 회원들이
초보 경매인에게 보내는 메시지
······························· 144

초보 경매인에게 전하는 경매 낙찰 경험담
······························· 168

근저당

주택을 담보로 돈을 빌려주는 행위.

근저당 설정을 실행한 후 등기부등본 을구에 설정 사실이 등기된다. 금액은 근저당비용의 110%~150%를 설정하게 되는데 이것을 채권최고액이라 한다. 대출이 실행되면서 이자를 안 갚았을 때를 대비해 은행에서 설정해 놓은 법정 최고금액이다.

1억을 빌렸음에도 120%의 설정을 했다면 근저당 설정 금액은 1억 2천만 원이다. 1억의 대출이 실행되고 사정으로 인해 이자를 못 내며 시간이 흘렀을 때 은행은 경매를 통해 법정 최고 금액인 1억 2천만 원(120% 기준) 한도 내에서 원금과 이자, 연체료를 청구할 수 있다.

예를 들어 보자.

근저당 설정 금액: 1억 3600만 원

원금 계산: 1억 3600만 원 나누기 110%, 115%, 120%, 125% … 150% 딱 떨어지는 금액을 원금으로 유추해 보자.

125% 적용 시 1억 880만 원이 나온다. 이때 이 금액이 근저당의 원금이라 유추해 볼 수 있다. 근저당의 해지는 대출금을 납부하고 근저당권 말소 등기를 하여야만 등기부에서 지워진다.

근저당이 있는 집의 안전성을 확인하는 방법은 내 보증금이 안전한지 판단하면 된다. 일반적으로 채권최고액과 임차인의 보증금 합이 매매가의 약 70% 정도라면 안전하다고 볼 수 있으나 일단 임차인은 임대인에게 근저당 소멸을 요청하고 확인하는 것이 가장 중요하다.

가압류

채권자의 금전채권을 보호하기 위한 행위로 정식 판결이 나기 전 채무자가 법 집행을 피하기 위해 자신의 재산을 임의로 처분하는 것을 대비해 해당 금전채권의 처분을 금지하는 제도.

가압류 신청은 채권자가 하게 되고, 가압류를 신청하면 법원은 가급적 신속히 내용을 확인해서 등기부에 이를 기재하고 표시하게 된다. 최종 재판 결과가 채권자의 승소로 이어지면 설정된 가압류는 압류로 변경되고 채권자는 압류 부동산에 대하여 경매를 신청할 수 있다.

그러므로 가압류 역시 돈을 회수하기 위한 권리로 근저당권(저당권)과 같은 말소기준권리가 되고, 경매 이후에는 배당 신청과 상관없이 그 권리는 소멸하게 된다.

경매기입등기

채권자의 신청에 의해 경매가 진행된다는 것을 알리는 역할을 한다.

행위 자체가 돈을 받기 위한 권리는 아니지만 압류와 같은 효과가 발생하여 해당 부동산 소유자가 임의로 처분하는 것을 금지하는 효과가 발생하게 된다.

쉽게 말해 "법원에서 경매를 진행하고 있으니 마음대로 처분해서는 안된다."라고 공시하는 것을 뜻한다.

경매기입등기가 말소기준권리가 되려면 경매기입등기보다 앞서 근저당권(저당권)이나 가압류(압류), 담보가등기 등이 설정되어 있지 않아야 하며 해당 경매가 종료되면 경매 개시를 알리는 경매기입등기는 말소된다.

계약갱신요구권

임차인이 계약의 갱신을 요구할 수 있는 권리.

» 주택

「주택임대차보호법」은 주거 안정을 위해 주거용 임차인에 관하여 「민법」에 특례를 규정함으로써 국민 주거 생활의 안정을 보장하기 위하여 정한 법률이다.

이에 따라 임대인은 임차인이 주택임대차 기간이 끝나기 6개월 전부터 2개월 전까지 계약갱신을 요구할 경우 정당한 사유 없이 거절하지 못한다. 임차인은 계약갱신 요구권을 1회에 한하여 행사할 수 있고, 갱신되는 임대차의 존속 기간은 2년으로 본다.

» 상가

「상가건물 임대차보호법」은 영세 상인들의 상가 임대 보호 차원에서 마련된 법안으로 2018년 10월 16일부터 5년에서 10년 보장으로 개정되었다.

상가 임차인의 경우 계약 만료 6개월 전부터 1개월까지의 사이에 요구할 수 있고, 최초의 임대차 기간을 포함한 전체 임대차 기간이 10년을 초과하지 않는 범위 내에서만 행사할 수 있다.
임차인의 갱신요구권 행사에 의해 임대차가 갱신되는 경우 제10조 3항에 따라 갱신되는 임대차는 전 임대차와 동일한 조건으로 다시 계약된 것으로 본다. 묵시적으로 갱신된 경우 임대차의 존속 기간은 1년으로 제한된다.

임대인은 차임 증액을 청구할 수 있다. 청구 당시의 보증금 그리고 차임을 증액할 때엔 5%를 초과할 수 없으며 증액 후 1년 내에 다시 증액하는 것은 불가능하다.

부동산의 면적 (건폐율, 용적률, 연면적)

» 부동산의 면적 개념

부동산에 설치되는 구조물(건축물)은 부동산의 위치, 여건에 따라 설치 건축물의 설치 면적에 대한 규제를 받게 된다.

따라서 부동산 투자를 계획한다면 반드시 부동산의 면적에 대한 명확한 개념 정리가 필요하다. 부동산에 주로 적용되는 면적에는 건축면적, 대지면적, 연면적 등이 있으며 부동산이 설치되는 지역, 기능, 기타 규제 여건 등에 따라 건폐율, 용적률 등의 규제가 따르고 이는 부동산의 가치에 큰 영향을 미치므로 사전에 충분한 검토, 협의 등이 필요하다.

» 부동산 면적의 종류 및 개념

대지면적

건축물을 지을 수 있는 땅의 면적.

하늘에서 봤을 때 수평으로 투영된 면적으로 토지의 경사가 있을 경우에도 경사를 무시하고 땅을 평평하게 만들었을 때의 수평 면적을 의미한다.

건축면적

지어질 건물의 면적.

건축물의 1층 바닥 면적을 뜻한다.

연면적

건물 내부의 모든 면적을 더한 면적.
모든 층의 바닥 면적을 더한 값으로 각 층의 면적이 50㎡인 5층 건물이 있다면 연면적은 250㎡가 된다.

건폐율

대지면적 대비 건축면적의 비율
"해당 토지에 건축물을 얼마나 넓게 지을 수 있을까?"
즉, 땅의 면적 대비 건축물이 차지하는 면적(1층 면적)의 비율을 의미한다.
건폐율(%)=(건축면적÷대지면적)×100

대지면적 100㎡에 3층(층별로 면적이 50㎡)으로 건물을 지으려 계획하였다면 건폐율은 50%가 된다.

건폐율=(1층의 건축물 면적 50㎡÷대지면적 100㎡)×100=50%

건폐율 제한은 도시지역의 주거지역의 경우 50~70%, 관리지역의 경우 20~40%로 지역별, 용도별로 상이하므로 충분한 검토와 협의를 통해 건폐율 제한에 대한 사전 인지가 필요하다.

용적률

대지면적 대비 연면적의 비율.
"해당 토지에 건물을 얼마나 높이 올릴 수 있을까?"

즉, 땅의 면적 대비 건축물 각 층의 면적을 모두 합한 면적의 비율을 의미한다.
용적률(%)=(연면적÷대지면적)×100

다만 용적률 계산 시에는 연면적에서 지하층의 면적, 건물의 부속 용도인 지상층 주차 면적, 피난 안전 구역 면적은 제외한다. 즉, 지상층 면적만 포함되고 보통 사람이 주거하지 않는 주차 공간이나 대피 면적은 용적률 계산 시 제외한다는 의미이다. 용적률이 높다는 것은 일반적으로 높게 지어진다는 의미로 볼 수 있다.

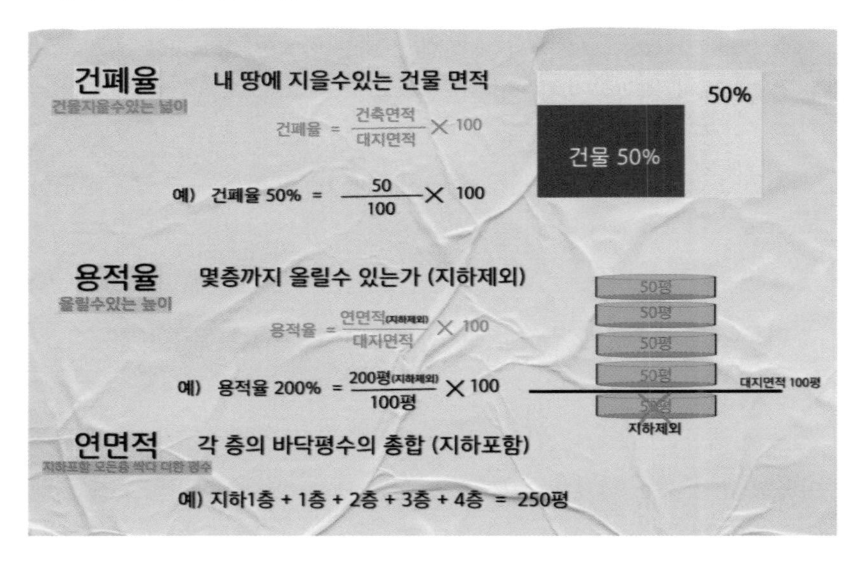

예를 들어 보자.

대지면적 100㎡에 3층(층별로 면적이 50㎡)으로 건물을 지으려 계획하였다면,
용적률=(3층 전체 바닥 면적의 합 150㎡÷대지면적 100)×100=150%

즉, 용적률은 150%가 된다. 용적률 제한은 도시 지역의 주거지역의 경우 50~500%, 관리지역의 경우 50~100%로 지역별, 용도별로 상이하므로 사전에 충분한 검토와 협의가 요구된다.

» 부동산 면적의 적용

부동산이 위치하는 지역과 기능에 따라 부동산의 균형 발전 등에 따라 용도 지역이 정해지며 용도 지역에 따라 건폐율과 용적률이 결정된다.

건폐율과 용적률은 해당 부동산의 가치와도 직결되므로 부동산 투자 전에 충분한 조사와 검토를 통한 투자가 이루어져야 한다.

경매절차

» 1단계. 관심물건 선정

우리가 적당한 경매사건을 찾기까지는 많은 노력이 필요할 것이다.

관심 지역(내 앞마당부터)에서 관심 있는 부동산 유형(아파트, 빌라, 상가, 토지 등등)을 검색하고 현재 나의 시드머니, 나의 투자 성향 등에 맞는 부동산을 찾아본다.

» 2단계. 권리분석

가장 기초가 되고 가장 중요하며 가장 많이 손이 가는 단계인 권리분석.

기본적인 공부는 필수!!

선순위가 무엇인지, 대항력이 무엇인지, 확정, 배당, 인수, 말소, 소멸 등등…. 뭐가 뭔지 모르겠다면 경매 참여보다 우선 공부가 선행되어야 한다.

» 3단계. 사이버 임장

컴퓨터 앞에 앉아서 지도를 보며 해당 물건지의 현 시세와 주변 환경, 교통은 어떤지, 인구는 어떤지, 집의 방향과 층, 주차 여건, 앞으로의 호재성이 있는지 등을 알아본다. 아실, 디스코, 호갱노노, 부동산 플래닛, 네이버 부동산, 국토교통부 실거래 등 사이버 임장을 할 수 있는 곳은 매우 많다. 해당 물건지만 확인한다면 그렇게 긴 시간이 걸리진 않는다.

» 4단계. 기준가 선정

사이버 임장을 통해 매도 가능 금액을 추정한다(네이버 부동산, KB 부동산 시세 등을 참고하여 기준가 산정). 물론 이런저런 값의 숫자와 전쟁을 벌이며 나만의 기준을 세우는 게 제일 중요!!

» 5단계. 입찰가 선정

역시 숫자와의 2차 전쟁. 이때 마음의 갈등이 많으리라 생각한다.

'얼마에 입찰할까? 1000만 원 더 써? 아냐…. 1000만 원 덜 써?'

입찰가 선정은 대충이라도 정확에 근접한 나의 마진이 얼마가 돼야 하는지…. 경비와 노력의 보상과…. 아무튼 이 부분은 지극히 개인적인 고민이 필요하다고 생각한다.

» 6단계. 근저당과 협상

한 물건에 두 번의 경매 시도!!

이 과정은 오프에서 공부하는 우리 모두가 어떻게 하는지 알 것이다.

유입식 NPL을 성사시킨다면 수익률은 극대화!!

» 7단계. 임장

NPL의 성사 여부를 떠나 교통, 환경, 인구, 방향, 층, 금액 등을 고려해서 마음의 결정이 되었다면 마지막으로 확실한 현장조사와 함께 정확한 시세를 확인해야 한다(임장의 중요성은 다들 아시리라 생각한다). 실제로 현장에 가서 분위기가 어떤지, 부동산에 들러서 시세가 어떤지 파악한다. 파는 기준에서, 사는 기준에서 부동산의 대응은 각각 다르다.

여러 곳을 다니면서 요렇게 저렇게 확인이 필요하다.

» 8단계. 입찰

법원에 가서 실수 없이 내가 생각한 금액으로 입찰한다.

» 9단계. 낙찰

낙찰을 받았을 때부터 해야 할 일이 더 많아진다.

» 10단계. 낙찰을 받은 물건지에 전화번호 남김

전화가 온다면 냉큼 받아서 협상을 해야 한다. 전화도 안 오고 문도 잠겨 있고 사람이 없다면 시간과의 싸움에 돌입해서 나중에 강제집행까지 가야 하는 수고로움을 겪어야 하니…. 배당에 해당되는 임차인이라면 이사 날짜 협상만 잘 하면 되는데 배당 없이 나가야 하는 임차인이라면 이해하고 요구 사항을 들어주고….

협상의 마지막 단계는 결국 돈이다.

이사 비용 등의 금액은 정해져 있지 않지만 무리한 협상은 손해를 불러올 수 있다!! 무리한 이사 비용을 요구한다면 강제집행으로 가는 것도 생각해 봐야 한다. 시간의 여유가 있다면 강제집행 시까지 기다리면 될 것이고 급하게 서둘러 점유를 해야 한다면 협상을 어떻게 하느냐에 따라 결정된다.

필자의 경우 협상할 상대가 잠수를 타서 강제집행으로 3개월간 시간을 흘려보냈던 경험이 있다.

» 11단계. 잔금 납부와 동시에 인도명령 신청

잔금 납부와 동시에 인도명령 신청은 필수이다.

잔금 납부로 소유권을 취득했으니 법원의 힘을 빌려 점유자 또는 채무자에게 비워 달라는 뜻을 전달하는 것이다. 인도명령 신청은 소유권 이전, 이후 6개월 이내에 해야 한다. 그냥 바로 잔금 납부일에 하는 것이 정신 건강에 이롭다.

» 12단계. 계고

어라?? 세입자 또는 채무자가 전화를 안 받네??

인도명령결정문과 송달증명원을 받았다면 집행관실로 달려가 강제집행 신청을 해야 한다. 계고는 강제집행을 하기 전에 예고를 하러 간다고 보면 된다. 계고를 하러 가서 그 집 안에 내용물이 얼마나 있는지 몇 사람이 와서 일을 해야 하는지 이삿짐 차량은 몇 대가 필요한지 사다리차는 필요한지 등 견적을 보는 이유도 있다. 문이 잠겨 있으면 집행관 입회하에 증인 2명을 부르고 열쇠 수리공이 문을 열어 준다. 만약 그 전에 문을 따고 들어갔다가 나중에 채무자가 갑자기 나타나서 집 안에 내가 100냥짜리 금덩이를 놔뒀는데 무단 침입을 했다며 고소, 고발을 하면 머리 아프게 된다.

시간이 걸리더라도 법적인 절차를 거치는 게 현명하다고 생각한다. 집이 비어 있다면 그 즉시 집행관에 의해 인도받게 되며 다음에 진행될 강제집행은 필요치 않게 된다.

» 13단계. 강제집행

계고 때 유체동산이 즐비하여 그것들을 정당히 처리하는 과정 및 점유자의 지속된 점유를 법의 힘을 빌려 강제적으로 집행하는 마지막 과정이다. 집행관의 집행에 대한 정당성을 선포한 후에 인원 투입, 이삿짐 차량 투입이 되어 순식간에 마무리되며 부동산을 인도받게 된다.

구상권

A의 불법행위에 의하여 발생한 손해배상 의무를 B가 이행했다 했을 때, 또는 A를 위하여 손실을 받은 B가 A에 대하여 가지는 손해배상청구권의 뜻으로 쓰일 때가 있다.(대위변제 내용 참고, 「민법」 제1038조 2항)

가등기

가등기란 미래에 행해질 본등기에 대해 미리 그 순위 보전을 위해 하는 예비적 등기로 해당하는 부동산에 대한 소유권 이전 방해를 사전에 막아 원활하게 부동산의 소유권을 이전하기 위하여 등기 순위를 확보하는 행위이며, 가등기를 기본으로 본등기를 하는 때에 그 본래의 효력이 발생된다.

» 가등기 종류

소유권이전청구권 가등기(매매 예약)

가등기권자가 소유권을 이전해 달라고 청구하는 권리를 미리 등기하는 것으로 본등기 확정 시 이미 낙찰자가 취득한 소유권을 가등기 시점으로 소급하여 가등기권자가 소유권을 취득하게 되므로 낙찰자의 소유권이 상

실하게 되어 입찰이 불가능하다. 또한, 소유권이전청구권 가등기는 배당 요구를 신청할 수 없는 권리이므로 말소기준권리가 될 수 없으며, 소유권이전청구권 가등기의 소멸 시효는 10년이지만, 채권자가 갱신을 통하여 기간 연장을 할 수 있다.

담보권 가등기

경매 절차에서 채권 회수를 목적으로 설정하는 등기로 저당권과 같이 담보물건으로 간주되며, 선순위(담보) 가등기는 배당 요구를 하면 말소기준권리가 되며 입찰이 가능하다.단, 채권계산서 제출 및 배당 요구를 하지 않으면 소유권이전청구권 가등기로 간주, 낙찰자 인수 사항으로 입찰을 피하고 있다.

입찰 가능 여부 판단 기준

▷ 선순위 가등기의 경우

인수 금액을 알 수가 없으므로 입찰 불가

단, 배당 요구를 한 가등기는 확인 후 입찰 가능

▷ 후순위 가등기의 경우

후순위 가등기는 자동 소멸되므로 입찰 가능

가처분

「민사집행법」에서 금전채권이 아닌 특정물의 급여, 인도를 목적으로 하는 청구권에 대한 집행을 보전하거나 권리관계의 다툼에 대하여 임시적인 지위를 정하기 위하여 법원이 행하는 일시적인 명령이다(금전 또는 금전으로 환산할 수 있는 채권을 대상으로 하는 명령은 가압류라고 한다).

판결이 확정되고 그것의 강제집행까지 많은 시간이 소요되므로 그 기간에 피해가 커짐을 방지하고, 특정물의 지급을 목적으로 하는 청구권에 대한 강제집행의 보존을 위한 행정 절차로 부동산일 경우에는 매각하지 못하도록 하기 때문에 경매에 등기된 가처분은 소멸되지 않고 낙찰자에게 인수될 수 있는 것도 있으니 주의해야 한다(선순위 가처분, 후순위 가처분 건물의 철거, 토지 인도 청구권 등, 재판 청구 전이나 동시에 신청 가능하다).

» 가처분의 종류

1. 계쟁물(다툼이 되는 목적물)에 관한 가처분

채권자가 금전 이외의 물건이나 권리를 대상으로 하는 청구권을 가지고 있을 때 강제집행 시까지 계쟁물이 처분·멸실되는 등 법률적, 사실적 변경이 생기는 것을 방지하고자 그 계쟁물의 현 상태를 동결시키려고 하는 집행보전 제도다. 처분금지 가처분이나 점유이전금지 가처분 등이 있다.

2. 임시의 지위를 정하는 가처분

당사자 간에 현재 다툼이 있는 권리관계 또는 법률관계가 존재하고 그에 대한 확정판결이 있기까지 현상의 진행을 그대로 방치한다면 권리자가 현저한 손해를 입거나 또는 소송의 목적을 달성하기 어려운 경우, 그로 인한 위험을 방지하기 위해 잠정적으로 법률관계에 관하여 임시의 조치를 행하는 보전제도이다.

금원지급 가처분, 가옥명도단행 가처분, 건축공사금지 가처분, 출입금지 가처분, 이사 직무집행정지 가처분 및 직무대행자선임 가처분, 건축공사방해금지 가처분, 친권행사정지 및 대행자선임 가처분 등이 있다.

당해세

해당 부동산에 부가된 국세(종합부동산세, 상속세, 증여세)와 지방세(재산세, 자동차세)이다.
당해세는 법정기일과 무관하게 우선 배당되는 것이 원칙이었으나 예외적으로 2023년 4월 1일부터 임차인과 당해세의 날짜 비교로 우선순위를 정하게 되는 것으로 「국세징수법」에 수정되었다.

» 당해세 제도 변경의 의미

당해세든 일반세금이든 모두 임차인의 확정일자와 순위경쟁을 통해 빠른 경우 먼저 배당을 받아 간다. 그런데 사실 이 제도의 변경이 경매 입찰자 입장에선 별 실익이 없다. 당해세든 일반세금이든 입찰자는 발생일(순위)을 알 수 없기 때문이다.

즉, 당해세든 일반조세든 세금 관련 압류가 있든 없든 문서 송달 내역상 교부청구 내역 등 체납의 흔적이 있는데, 경매 물건에 선순위 세입자가 존재한다면 원칙적으로 입찰을 하면 안 된다.

꼭 입찰을 해야 한다면 주변 상황을 잘 조사하여 세금액을 추산하고, 충분히 이를 고려한 입찰가를 산정하거나 최악의 경우 선순위 임차인의 보증금 전액을 인수한다고 가정하고 입찰해야 한다.

» 경매 우선배당 순위

❶ 신청자가 선납한 경매집행비용

❷ 제3취득자가 경매부동산에 투입한 필요비와 유익비

❸ 소액임차인 중 최우선변제액-최우선변제금액 표 참조

❹ 근로자의 최종 3개월분 임금채권-선순위 임차인이 있을 시 주의

❺ 당해세-선순위 임차인이 있을 시 주의

❻ 우선변제금(당해세 이외의 조세, 담보물권, 전세권, 임차권 등)

❼ 일반임금채권

❽ 공과금

❾ 가압류, 가처분, 일반채권

대위등기

최근 사회적으로 문제가 됐었던 빌라왕 사건. 그 내용을 예로 들면 좀 더 쉽게 표현될 것 같다. 빌라왕의 사망으로 가족들은 상속받는 것을 원하지 않았다. 상속받게 되면 일부 채무 또한 변제 의무를 승계하기 때문이지 않았을까 추측해 본다.

> **대위등기는 채무자가 채무 회피를 목적으로 미등기한 부동산에 채권자가 등기를 하여 권리행사를 할 수 있게 하는 것을 말한다.**
> **채권자로서는 상속등기가 마쳐진 부동산에 대해 경매를 실시할 수 있기 때문에 상속인을 대위하여 피상속인의 부동산을 상속인들에게 일시적으로 소유권을 이전시킨 후 경매를 진행시킨다.**
> **이를 상속대위등기라 한다.**

» 대위등기 신청의 요건

❶ 채권자의 채권보전의 필요성이 있을 때

❷ 채무자의 등기신청권이 존재할 때
(채무자인 상속인이 이미 가정법원에 상속 포기를 한 경우 신청할 수 없음)

❸ 채무자의 권리 불행사가 있을 것

❹ 채무의 이행기가 도래할 것

❺ 대위 신청의 목적인 등기의 종류는 유리한 등기 또는 중성적인 등기로 하고 상속등기 및 말소등기의 대위도 가능하고, 소유권보전등기도 가능

최근 문제가 됐던 빌라왕의 사망 사건으로 대법원은 이른바 '빌라왕' 사건과 같이 임대인이 사망한 경우 임차인이 임차권등기명령 신청 절차에서 임대인의 상속인을 대신하는 소유권이전등기(대위상속등기)를 생략할 수 있도록 했다.

도시형 생활주택

2009년 2월 3일 개정된 「주택법」에 근거하여 같은 해 5월 4일부터 시행되었다. 주택청약 자격, 재당첨 제한 등의 규정을 적용받지 않는다. 난개발이 우려되는 비도시지역은 해당되지 않는다. 전용면적 85㎡ 이하, 300가구 미만의 공동주택이며 일반적인 주택에 비해 주택으로서 갖춰야 할 기준들이 덜 까다로운 것이 특징이다.

1인~2인 가구, 서민의 주거 안정을 위해서 기존의 주택 건설 기준, 부대시설 설치 기준을 많이 완화하거나 배제함으로써 주택 보급 확충을 꾀하였다. 소형 주택, 단지형 연립주택, 단지형 다세대주택이 있다. 도시형 생활주택은 「주택법」을 적용하는 반면 오피스텔은 「건축법」을 적용한다.

국민 주거 안정을 위한 주택 보급 차원의 300세대 미만의 국민 주택 규모에 해당되는 것이 특징이다. 전용면적과 조건에 따라 주택 수 포함 여부도 달라진다. 단지형 연립, 다세대주택의 경우 전용면적이 85㎡ 이하라는 공통점이 있고, 단지형은 바닥면적 660㎡ 초과로 건축해야 하나 다세대는 그 이하로 지어야 되는 것이 차이점이다.

원룸형은 14㎡ 이상~50㎡ 이하이고 욕실을 제외한 부분이 하나의 공간으로 구성되며, 지하층에 세대를 설치할 수 없는 특징도 있다.

도시형 생활주택은 주택 수에 포함된다. 취득세의 경우 6억 이하 1.1%로 일반과 같으며 오피스텔과 비교하면 그보단 낮다. 주택 수에 포함되고 있기에 양도소득세에 적용된다는 것을 알아 두는 것이 유리한데…. 결국 부동산은 세금이 크게 좌우하기에 계산을 잘 하는 것이 필요하다.

만일 청약을 통해 전용 20㎡ 이하 1채를 소유하고 있으면 무주택에 해당되나 그 이상은 주택 수에 포함되고 있다. 오피스텔과의 차이점도 살펴보면 이는 주거 시설과 사무실이 합성된 의미로 업무용으로도 사용할 수 있는 차이가 있다.

업무용이라면 공시지가 1억 미만일 때 주택 수에 포함되지 않는다. 그러나 전입신고를 하게 되면 주거용으로 분류되고 이에 따른 취득 주택 수 포함 여부도 달라진다. 취득세와 관련해 비교되는 부분이기도 하다.

대출 용어 및 은행별 한도 비교

개인별 대출 상황 및 한도가 달라지니 입찰 전 금융기관에 확인하시기 바랍니다.

» 1. 대출 용어 설명

» LTV 50%: 주택 가격 KB 시세의 50%

주택가격	구분	투기지역 및 투기과열지구	조정대상 지역	기타 지역
9억 이하	서민실수요자 (무주택)	50%	60%	70%
	1주택(처분조건)	40%	50%	70%
	2주택 이상	30%	30%	60%
9억 초과	9억 이하분	40%	50%	9억 이하와 동일
	9억 초과분	20%	30%	
15억 초과	-	불가	9억 초과와 동일	

» **DTI 50%: 해당 주택의 원리금 연간상환액이 연봉의 50% 이내**

<table>
<tr><th>분류</th><th>종류</th><th>상환형태</th><th colspan="2">원금</th><th>이자</th></tr>
<tr><td rowspan="4">주택담보대출</td><td rowspan="3">개별 주택담보대출 및 잔금대출</td><td>전액 분할상환</td><td colspan="2">분할상환 개시이후 실제 상환액</td><td rowspan="15">실제부담액</td></tr>
<tr><td>일부 분할상환</td><td colspan="2">분할상환 개시이후 실제상환액 + 만기상환액 / (대출기간-거치기간)</td></tr>
<tr><td>원금 일시상환</td><td colspan="2">대출총액 / 대출기간(최대10년)</td></tr>
<tr><td>중도금, 이주비</td><td>상환방식 무관</td><td colspan="2">대출총액 / 25년</td></tr>
<tr><td rowspan="11">주택담보대출 이외의기타 대출</td><td colspan="2">구분</td><td>DSR</td><td>신DTI</td></tr>
<tr><td>전세자금대출
예적금담보대출
보험계약대출</td><td>상환방식 무관</td><td>불포함</td><td rowspan="10">불포함</td></tr>
<tr><td>전세보증금 담보대출</td><td>상환방식 무관</td><td>대출총액/4년</td></tr>
<tr><td>비주택 담보대출</td><td>상환방식 무관</td><td>대출총액/8년</td></tr>
<tr><td>기타담보대출</td><td>상환방식 무관</td><td>대출총액/10년</td></tr>
<tr><td rowspan="2">신용대출</td><td>분할상환</td><td>대출총액/약정만기(5~10년)</td></tr>
<tr><td>분할상환 외</td><td>대출총액/5년</td></tr>
<tr><td>유가증권담보대출</td><td>상황방식 무관</td><td>대출총액/8년</td></tr>
<tr><td rowspan="2">장기카드대출</td><td>분할상환</td><td>대출총액/약정만기(5년 이내)</td></tr>
<tr><td>분할상환 외</td><td>대출총액/약정만기(3년 이내)</td></tr>
<tr><td>기타대출</td><td>상황방식 무관</td><td>향후 1년간 실제 상환액</td></tr>
</table>

» DSR 50%: 실행 중인 모든 대출의 원리금 연간 상환액이 연봉의 50% 이내

<table>
<tr><th>분류</th><th>종류</th><th>상환형태</th><th colspan="2">원금</th><th>이자</th></tr>
<tr><td rowspan="4">주택담보대출</td><td rowspan="3">개별 주택담보 대출 및 잔금대출</td><td>전액 분할 상환</td><td colspan="2">분할상환 개시이후 실제 상환액</td><td rowspan="15">실제 부담액</td></tr>
<tr><td>일부 분할 상환</td><td colspan="2">분할상환 개시이후 실제상환액 + 만기상환액 / (대출기간-거치기간)</td></tr>
<tr><td>원금 일시 상환</td><td colspan="2">대출총액 / 대출기간(최대10년)</td></tr>
<tr><td>중도금, 이주비</td><td>상환방식 무관</td><td colspan="2">대출총액 / 25년</td></tr>
<tr><td rowspan="11">주택담보대출 이외의기타 대출</td><td colspan="2">구분</td><td>DSR</td><td>신DTI</td></tr>
<tr><td>전세자금 대출
예적금담보대출
보험계약 대출</td><td>상환방식 무관</td><td>불포함</td><td rowspan="10">불포함</td></tr>
<tr><td>전세보증금 담보대출</td><td>상환방식 무관</td><td>대출총액/4년</td></tr>
<tr><td>비주택 담보대출</td><td>상환방식 무관</td><td>대출총액/8년</td></tr>
<tr><td>기타 담보대출</td><td>상환방식 무관</td><td>대출총액/10년</td></tr>
<tr><td rowspan="2">신용대출</td><td>분할상환</td><td>대출총액/약정만기(5~10년)</td></tr>
<tr><td>분할상환 외</td><td>대출총액/5년</td></tr>
<tr><td>유가증권 담보대출</td><td>상황방식 무관</td><td>대출총액/8년</td></tr>
<tr><td rowspan="2">장기카드 대출</td><td>분할상환</td><td>대출총액/약정만기(5년 이내)</td></tr>
<tr><td>분할상환 외</td><td>대출총액/약정만기(3년 이내)</td></tr>
<tr><td>기타대출</td><td>상황방식 무관</td><td>향후 1년간 실제 상환액</td></tr>
</table>

» 소액임차보증금(방 빼기)

<table>
<tr><th colspan="2">지역</th><th>소액임차
보증금</th></tr>
<tr><td colspan="2">서울특별시</td><td>5,000만원</td></tr>
<tr><td rowspan="3">인천광역시</td><td>강화군, 옹진군</td><td>2,000만원</td></tr>
<tr><td>서구 대곡동/불로동/마전동/금곡동/오류동/왕길동/당하동/
원당동/인천경제자유구역 및 남동 국가산업단지</td><td>2,300만원</td></tr>
<tr><td>그 밖의 지역</td><td>4,300만원</td></tr>
<tr><td colspan="2">의정부시/구리시/하남시/고양시/수원시/성남시/
안양시/부천시/광명시/과천시/의왕시/군포시/용인시/화성시/세종시/김포시</td><td>4,300만원</td></tr>
<tr><td rowspan="2">시흥시</td><td>반월특수지역</td><td>2,000만원</td></tr>
<tr><td>그밖의 지역</td><td>4,300만원</td></tr>
<tr><td rowspan="2">남양주시</td><td>호평동/평내동/금곡동/일패동/이패동/삼패동/
가운동/수석동/지금동 및 도농동</td><td>4,300만원</td></tr>
<tr><td>그밖의 지역</td><td>2,000만원</td></tr>
<tr><td rowspan="2">광주/대구/
대전/
부산/울산
광역시</td><td>군지역</td><td>2,000만원</td></tr>
<tr><td>그밖의 지역</td><td>2,300만원</td></tr>
<tr><td colspan="2">경기도 안산시, 광주시, 파주시, 이천시, 평택시</td><td>2,300만원</td></tr>
<tr><td colspan="2">그밖의 지역</td><td>2,000만원</td></tr>
</table>

» 2. 금융권별 대출 한도

1금융권 : 시중은행, 지방은행, 농협, 수협 DSR 40%
5년 고정 후 변동금리 원리금 균등, 부수거래 5개 이상,
3년 이내 중도상환수수료 1.4%~2% 년간 10%는 면제
(간혹 한도가 높은 원금 균등이 가능한 은행도 있다.)

2금융권 : 보험, 금고, 저축은행, 신탁, 우체국, 캐피탈 DSR 50%
4% 중반 3년 고정 후 변동금리 원리금 균등,
3년 이내 중도상환수수료 1.2%, 3년간 50% 면제
(간혹 한도가 높은 원금 균등이 가능한 은행도 있다.)

3금융권 : 대부업체
후순위 담보대출 가능으로 한도 높음, 금리 10% 이상,
신용등급 하락 가능성 있음.

» 3. 저소득 및 무소득 대출

소득 확인을 신용카드, 건강보험료로 사용 시 부부 합산소득이 2400만 원 이하여야만 가능하다.

건강보험료는 월 15만 원 → 소득 5000만 원으로 본다
(최대치가 5000만 원).
신용카드는 월 100만 원 → 소득 2000만 원으로 본다
(최대치가 250만 원->5000만 원).

물권 & 채권

» 물권

'물건에 대한 권리'로 특정 물건이나 재산권을 직접 지배하여 이익을 얻는 권리.

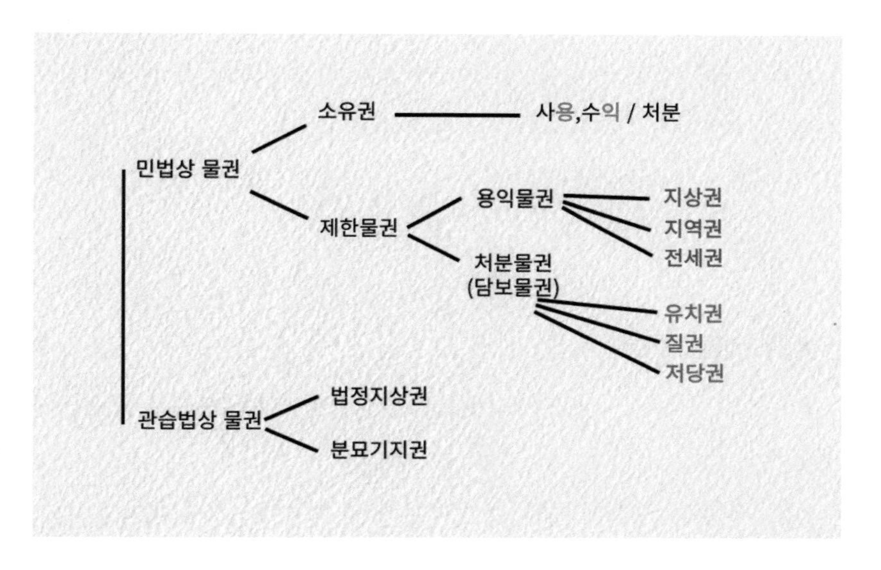

물권은 크게 「민법」상의 물권과 관습법상의 물권으로 구분되며 「민법」상의 물권은 사용, 수익, 처분 등 권능의 권한을 가지는 소유권과 소유자의 권능을 제한하는 제한물권으로 다시 나뉘고 제한물권은 다시 용익물권과 담보물권으로 구분된다.

그 외 관습법상의 물권은 법정지상권, 분묘기지권 등으로 구분된다.

» 채권

특정인에게 일정한 행위를 청구할 수 있는 권리.

채권은 계약(약속)에 의해 발생하며 채무자에게 청구하는 권리로 돈이 오고 가는 금전채권과 돈이 오고 가지 않는 비금전채권으로 구분된다

»  금전채권

채무자에게 통보, 통지만으로 대항요건을 가지게 되며 압류, 가압류로 채권을 보전한다.

예) 등본상의 근저당권 이전 등의 통지, 통보만으로 양도 가능.

»  비금전채권

관계인의 동의나 승낙을 받아야 대항력을 가지며 가처분으로 채권을 보전한다.

예) 임차인의 권리를 타 임차인에게 넘길 때 임대인의 동의 필요.

말소기준권리

'말소기준권리'란 채무자가 가지고 있는 복잡한 모든 채무에 대해서 모든 권리를 정리할 수 있는 기준이다.

즉, 경매에서 매수인이 대금납부를 하면 말소기준을 포함한 소멸 또는 인수되는 기준이 되는 권리를 말하며 저당권, 근저당권, 압류, 가압류, 담보가등기, 경매기입등기, 전세권 등의 권리가 말소기준권리가 된다.

말소기준권리
(근)저당권, 압류, 가압류, 담보가등기, 경매기입등기, 전세권

경매사건의 말소기준권리 중 가장 빠른 날짜의 권리가 말소기준이 된다(전세권은 경매신청 및 배당신청 여부에 따라 말소기준이 될 수도 안 될 수도 있다). 말소기준보다 빠르면 '선순위', 늦으면 '후순위'로 분류한다.

등기상에서 모든 권리를 날짜, 시간의 순으로 나열했을 때 가장 첫 번째 오는 권리가 선순위라고 보면 되고 말소기준 밑으로는 모두 소멸된다고 보면 된다. 단, 후순위여도 가등기, 가처분 등의 예외적인 경우가 있으므로 말소기준권리를 따질 때 조심할 필요가 있다. 경매에서 '소멸'이라 하는 것은 낙찰자가 신경 쓰지 않아도 되는 금액이라 보면 된다. 예를 들어 근저당이 10억이 있든 100억이 있든 내가 1억에 낙찰을 받으면 1억만 내면 되는 것이라 보면 된다.

말소기준권리를 알기 위해서는 규칙을 몇 가지 알아야 한다.

- 매각으로 소멸(「민사집행법」 제91조 제2항)

첫째, 등기부등본상의 (근)저당은 무조건 소멸이다.

둘째, 저당권보다 순위가 늦으면 소멸이다.

근저당이 말소기준권리라고 가정할 때 근저당보다 늦은 권리들은 후순위로 전부 소멸한다. 단 가등기, 가처분은 후순위여도 선순위 이상의 대항력을 가질 수 있어 조심해야 한다.

묵시적 갱신

갱신 요청 기간인 만료 6개월 전~2개월 사이에 임차인도 갱신해 달라는 요구를 하지 않고 임대인 역시 별다른 통지가 없었을 경우에 계약 기간이 자동 연장되었다는 뜻이다.

임대료 2회 이상 연체 시 갱신 없이 즉시 종료 가능.

매각허가 결정

낙찰 후 1주일 동안 낙찰에 대한 이의신청을 받는다. 1주일이 지나게 되면 매각허가 결정이 나오는데 이때까지는 아직 이해관계인이 아니다.

그러므로 해당 사건의 열람 신청이 불가하다는 얘기이다.

매각허가 확정

매각허가 결정이 나온 뒤 또 한 번 1주일 동안 낙찰에 대한 이의신청을 추가적으로 받는다. 신중함을 더한다는 뜻이기도 하다. 낙찰 후 2주가 지난 후부터는 해당 사건의 이해관계인으로서 해당 사건의 내용을 열람, 복사 신청을 할 수 있다. 또한 낙찰자는 대금납부 통지서를 받게 된다.

이후 대금납부를 하게 되면 그날로 소유권을 취득하게 된다.

배당요구 종기일

돈을 받을 권리가 있는 채권자들은 배당을 신청해야 배당을 받을 수 있다.

배당신청을 하지 않으면 돈을 안 받겠다는 뜻이다.

임차인 A는 배당요구 종기일 이전에 배당신청을 했다면 선순위 임차인으로서 우선 배당을 받게 된다. 반대로 배당신청을 하지 않았다면 임차인의 보증금은 낙찰금과 상관없이 고스란히 낙찰자가 떠안아야 한다(낙찰금+보증금).

만약 임차인이 배당요구 종기일을 넘겨서 배당신청을 했다면??

법원에서는 종기일이 지났음에도 어쨌든 신청했기에 신청한 날짜를 기재한다.

배당요구 종기일이 지나서 신청한 것은 인정되지 않기에 배당신청을 하지 않은 것으로 간주된다.

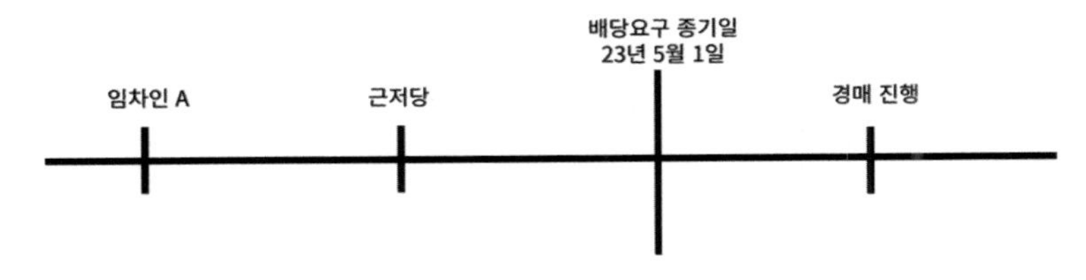

배당을 받으려면 반드시 종기일 이전에 배당신청을 해야 하며 그렇지 않을 경우에는 배당을 받을 수 없다.

배당철회

선순위가 배당신청을 한 뒤 곧바로 배당신청을 철회하는 경우가 있다.

> **선순위 임차인의 배당신청은 당연히 우선 배당되고 미배당금은 인수이다.**
> **임차인의 배당요구는 계약 해지의 의사표시이다.(대법 98다 2754)**

이런 임차인이 돌연 배당철회라는 카드를 꺼내 들 수 있다.

> **배당요구 종기일 전에 배당요구 신청을 철회한 경우 낙찰인은 그 보증금을 인수해야 한다.(「민사집행법」 제88조)**

배당철회는 배당 종기일 이전에 신청하면 받아들여진다.

단, 배당철회 요청을 배당 종기일 이후에 했다면 받아들여지지 않는다. 배당요구 종기일 이후에 배당신청 역시 받아들여지지 않는다.

그럼 배당요구 철회를 왜 하는 걸까?

해석에 따라 다를 수 있고 그저 여러 이유가 있을 거라 유추해 볼 뿐. 배당철회를 하게 되면 선순위 임차인의 배당요구가 없으므로 낙찰금액과 상관없이 인수된다는 사항은 우리가 꼭!! 알아 둬야 할 것이다. 보통 물건명세서 비고란에 배당철회 내용이 기재되지만 가볍게 보고 넘어가다가 놓칠 수 있으니 꼼꼼히 체크해야 한다.

배당신청

배당신청을 했을 때: 돈을 받고 나가겠다는 의사표시

선순위이면서 배당에 참여를 했다는 것은 임대계약 기간이 남아 있다 하더라도 돈을 받으면 나가겠다는 의미이며, 선순위이면서 배당신청을 한 임차인이 있다면 명도를 할 때 수월할 것이다.

배당신청을 안 했을 때: 돈을 받지 않겠다는 의사표시
(선순위)보증금도 낙찰자가 인수해야 하고 임대계약 기간이 끝날 때까지 보장해야 한다는 의미가 된다.

왜 배당신청을 하고 배당신청을 하지 않을까?

여러 이유가 있겠지만 단순하게 예를 들어 돈을 받고 나가겠다면 배당신청을 할 것이고 여기 아니면 갈 데도 없고 여기가 편해서 계약 기간까지 쭈~욱 살고 싶다면 배당신청을 안 하면 될 것이다.

단, 대항력을 갖췄을 때 말이다.

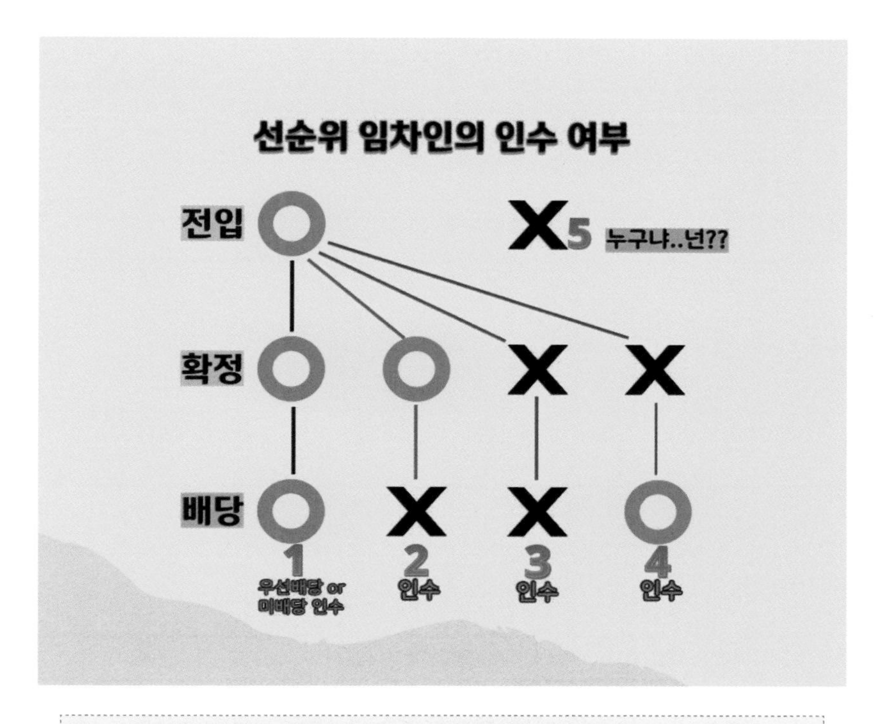

배당신청은 반드시 배당 종기일 이전에 해야 인정된다.
배당신청 날짜와 배당 종기일 날짜는 꼭 비교해 봐야 할 것이다.
배당 종기일 이후에 신청되어 있는 것은 배당신청을 하지 않은 것으로 간주한다.

경매 사이트들을 보다 보면 감정가는 몇억씩 하는데 최저입찰가는 2~3천만 원도 하지 않는 물건들을 자주 볼 수 있다. 대부분이 선순위 임차인이 있어서 보증금을 인수해야 하는 경우라고 보면 맞을 것이다.

선순위 임차인으로서 확정일자를 갖추지 않았거나 배당요구를 하지 않았을 때 보증금을 인수한다고 보면 될 것이다.

선순위일 경우

전입 0	확정 0	배당 0	우선배당 및 미배당금 낙찰자 인수

예시 : 낙찰금 1억

2023. 02. 01	전입, 확정, 배당	1억 5천
2023. 04. 01	근저당	1억

1억이 우선 임차인에게 돌아가고 부족한 5천만원은 낙찰자가 인수합니다.

전입 0	확정 0	배당 0	우선배당 및 미배당금 낙찰자 인수

예시 : 낙찰금 1억

2023. 02. 01	전입, 확정, 배당	5천
2023. 04. 01	근저당	1억

임차인은 5천만원 배당
나머지 5천만원은 근저당권자에게 주고 끝!! 인수사항 없음
(당해세등의 내용은 제외)

전입 0	확정 0	배당 X	인 수

예시 : 낙찰금 1억

2023. 02. 01	전입, 확정	5천
2023. 04. 01	근저당	1억

배당신청이 없기에 낙찰금 1억 + 보증금 5천
결과적으로 1억5천에 낙찰받은결과

전입 0	확정 X	배당 0	인 수

예시 : 낙찰금 1억

2023. 02. 01	전입, 배당	5천
2023. 04. 01	근저당	1억

앗 !! 선순위지만 확정일자가 없다면... 배당순서에서 제외 !! 인수

전입 0	확정 X	배당 X	인 수

예시 : 낙찰금 1억

2023. 02. 01	전입, 확정, 배당	5천
2023. 04. 01	근저당	1억

낙찰금 + 보증금 전액 인수

전입 X	확정 0	배당 0	소 멸
전입 X	확정 0	배당 X	소 멸
전입 X	확정 X	배당 0	누구냐..넌!!

전입신고가 없을땐 대항력 자체가 발생하지 않습니다.

배당기일

돈 받는 날!! 최고가 매수인(낙찰자)의 잔금 납부일을 기준으로 소유권을 취득하며 한 달 뒤 배당기일이 잡히게 된다.

그날이 채권자에게 돈을 지급하는 배당일, 배당기일이 된다.

보증금증액

임대차 기간이 종료되거나 여러 가지 사정으로 보증금을 증액할 경우 반드시 계약서를 다시 작성하거나 기존 계약서에 증액을 명기한 후 확정일자를 받아야 한다.

예시 1

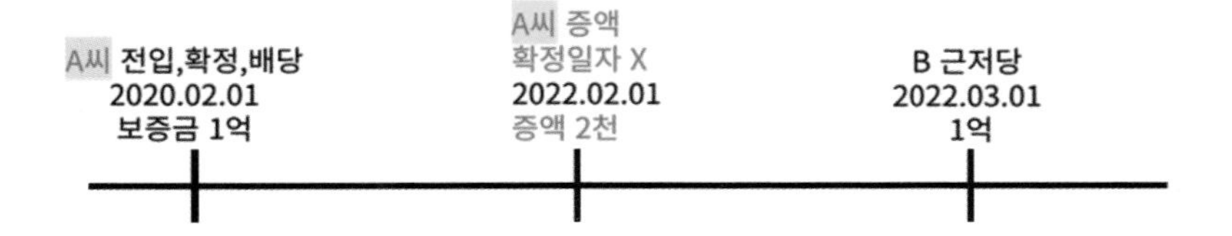

2020년 2월 1일 A 전입 1억(전입, 확정일자 받음)

2022년 2월 1일 A 보증금 증액 2천(확정일자 받지 않음)

2022년 3월 1일 B 근저당 1억

이후 경매로 2억에 낙찰됐을 경우 배당 순서는 대항력. 확정일자가 있고 배당신청을 한 선순위 A에게 1억을 먼저 지급하고 그다음 근저당 B에게 1억 배당. 대항력이 있지만 확정일자가 없는 보증금 증액분 2천은 낙찰자 인수!!

 예시 2

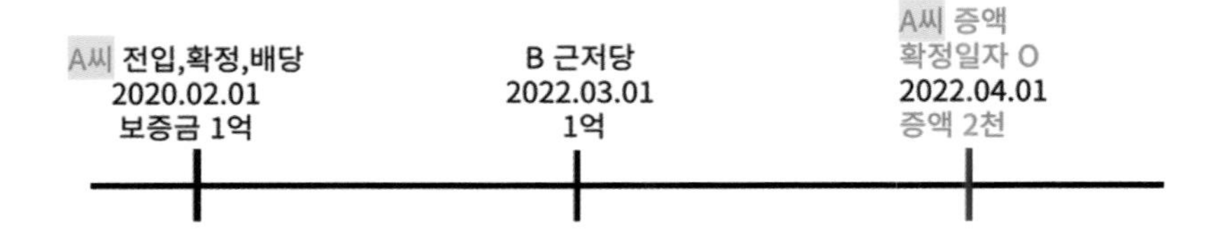

2020년 2월 1일 A 전입 1억(전입, 확정일자 받음)

2022년 3월 1일 B 근저당 1억

2022년 4월 1일 A 보증금 증액 2천(확정일자 받음)

이후 경매로 2억에 낙찰됐을 경우 배당 순서는 배당신청을 한 선순위 A에게 1억 먼저 지급하고 그다음 말소기준권리인 근저당 B에게 1억 배당. 대항력이 없는 증액분 2천은 후순위로 소멸.

(법정)지상권

일정한 요건이 충족되면 지상권 설정 계약이 없어도 지상의 건물이나 입목이 있는 토지를 존속 기간 동안 사용할 권리 및 지료의 의무가 있다.

지상권은 등기 설정으로 효력이 발생한다. 지상권보다는 토지사용 임대차계약이 일반적이다. 토지와 건물을 별개의 부동산으로 취급함으로써 일어나는 결함을 보완해 주는 제도이다.

법정지상권의 성립 요건
① 건물과 토지의 소유자가 동일해야 한다.
② 토지와 건물 한쪽이나 양쪽에 저당권이 설정되어야 한다.
③ 저당권 설정 당시 건물이 존재해야 한다(미등기, 무허가, 가건물 포함).
④ 건물과 토지 소유자가 각각 달라진다.

» 법정지상권의 종류

❶ 저당권(「민법」 제366조) : 토지와 건물 어느 하나에 저당권이 설정된 후 경매로 소유권이 바뀌어도 지상권은 인정된다.

❷ 전세권(「민법」 제305조) : 건물에 전세권이 설정된 후 토지의 소유권이 바뀌어도 전세권 및 지상권은 인정된다.

❸ 가등기담보권(「민법」 제10조) : 담보권이 설정된 후 담보권 실행(귀속청산)으로 소유권이 바뀌어도 지상권은 인정된다.

❹ 임목(「민법」 제6조) : 경매로 소유권이 바뀌어도 지상권은 인정된다.

❺ 관습법상(판례) : 매매로 소유자 변경 시 철거 합의가 없었다면 지상권이 인정된다(매매, 대물변제, 증여, 공유물분할, 강제경매, 공매).

❻ 분묘기지권(판례) : 20년간 분묘기지를 점유하여 시효 취득한 경우 토지소유권 변경 시 이장한다는 특약이 없는 경우 분묘기지권이 인정된다.

법정지상권의 존속기간
① 견고한 건물, 수목은 30년
② 그 외 건물 15년(건물이 멸실, 증축, 개축, 신축된 경우에도 구축 기준으로 유지된다)
③ 공작물 5년

» (법정)지상권 지료 인정 범위

❶ 법정지상권은 요건이 충족되면 등기 없이도 효력이 생기고, 당연히 지료(임대료) 지급 의무도 발생한다.

❷ 지료액은 원칙적으로 당사자의 합의에 의하여 정해지나, 합의가 되지 않으면 법원에 지료결정 판결을 요청할 수 있는데, 이때 법원은 감정가액을 기준으로 제반 사정을 참작하여 적당하다고 판단되는 지료의 액수, 지급방법 등을 재량으로 정할 수 있다.

❸ 해당 건물이 실제 점유하고 있는 부지를 기준으로 하지만, 나아가 그 건물을 사용하기 위해 필요하다고 판단되는 범위까지 확장된다(건물이 창고인 경우는 창고로 사용하는 데 일반적으로 필요한 그 둘레의 부지까지 범위가 미친다).

» (법정)지상권 강행 규정

법률로 정한 요건에 맞으면 등기가 필요 없이 성립하며, 강행규정으로서 당사자의 특약으로 배제하거나 포기할 수 없다. 단, 관습상 법정지상권, 분묘기지권은 판례로 인정되는 임의 규정이므로 계약 시 철거(이전) 특약으로 배제 가능하다.

» (법정)지상권의 소멸 사유

❶ 토지 또는 지상물의 자연 멸실

❷ 2년 이상 지료 연체 시 소멸 청구 가능

❸ 관습법상 법정 지상권자가 토지 소유자와 임대차계약 체결 시 법정지상권 포기로 간주

분묘기지권

» 분묘기지권이란?

타인의 토지 위에 있는 분묘에 대하여 그 분묘를 소유, 수호하고 봉제사하는 목적을 달성하는 데 필요한 범위 내에서 분묘가 소재한 타인의 토지를 사용할 수 있는 권리.

» 분묘기지권의 성립 요건

승낙형 분묘기지권

- 토지 소유자의 승낙을 얻어 분묘를 설치한 경우

양도형 분묘기지권

- 자기 토지에 분묘를 설치하고 분묘 이전 특약 없이 토지를 양도한 경우
-토지를 판 사람은 분묘 소유에 의하여 지상권과 유사한 물권을 취득한다.

분묘설치일	분묘기지권 성립 기간
2001년 1월 12일 이전	분묘기지권이 성립한다면 영구 무한
2001년1월12일 ~ 2016년8월30일 (장사법 시행)	최초설치후 15년 (3회 연장가능:45년)...최장60년
2016년8월30일 이후 (장사법 개정)	최초설치후 30년 (1회 연장가능:30년)...최장60년

취득시효형 분묘기지권

- 토지 소유자의 승낙 없이 남의 토지에 분묘를 설치 후 20년간 평온, 공연하게 점유한 경우, 다만, 「장사 등에 관한 법률(2001년 1월 31일)」에 의하면 토지 소유자, 묘지 설치자, 연고자의 승낙 없이 설치한 분묘 등은 이들에게 토지 사용권이나 그 밖의 분묘 보전을 위한 권리를 주장할 수 없고, 동법의 시행일 이후 토지 소유자의 승낙 없이 분묘가 설치된 경우에는 분묘기지권의 시효취득을 인정하지 않는다.

» 분묘기지권의 사용 범위

❶ 포함: 묘지, 비석, 상석

❷ 미포함: 사성

❸ 1기당 약 30㎡(약 7평)

» 분묘기지권의 소멸

❶ 존속 기간의 만료, 토지수용, 묘지의 멸실 등

❷ 2년분 이상 지료 연체에 따른 토지 소유자의 소멸청구

- 자기 토지에 분묘를 설치한 후 그 토지의 소유권이 경매 등에 의하여 타인에게 이전되면서 분묘기지권을 취득한 자가 판결에 의하여 지료의 액수를 정했음에도 분묘소유자의 사유로 확정판결 전후에 걸쳐 2년분 이상의 지료가 연체된 경우

❸ 분묘 설치보다 먼저 설정된 저당권 실행으로 토지소유권의 변동

» 분묘기지권이 성립되지 않는 지역

❶ 상수원보호구 역

❷ 문화재보호구역

❸ 주거, 상업, 공업지역

❹ 농업진흥구역

❺ 채종림, 보안림, 보존국유림

❻ 군사시설보호구역

❼ 그 밖에 지자체에서 법률로 정한 구역

» 분묘기지권 해결 방법

❶ 분묘의 연고자 수배가 가능한 경우

- 분묘 연고자 수색 → 연고자와 협의 시도(분묘 1기당 이장비 지급) → 합의 불발 시 분묘 철거 소송(분묘기지권이 미성립함을 증명하여야 함)

❷ 분묘의 연고자 수배가 불가능한 경우(무연고 분묘)

- 분묘 조사 → 공고(신문, 인터넷, 현수막 등 중앙 일간지 하나 이상 포함 1개월 간격 2회 이상) → 3개월 이상 공고 후 연고자 나타나지 않을 경우 관할 관청에 개장 신청 → 담당 공무원 현장 답사 및 개장 허가 → 결과 보고(개장한 유골은 화장 후 10년 동안 납골당 봉안)

자유로

경매 스터디

방어입찰

» 방어입찰 목적

매입한 채권에 대한 손실을 방지하고 배당을 받기 위함이다.

» 방어입찰 조건

매입한 채권 가격보다 경매 최저가격이 낮은 경우 참여한다.

» 방어입찰 방법

대금미납 – 입찰보증금은 몰수되지만 배당 시 채권자(본인)에게 배당된다.
단, 대금미납자는 재경매에 참여 불가(입찰 시 무효 처리).
대금 미납 후 재경매 시 금액을 산정하여 가능성에 초점을 두고
유입 or 배당 or 취하 등의 방식을 선택한다.

» 방어입찰액 계산

채권매입가격+부대비용+적정한 수익+미납한 입찰보증금

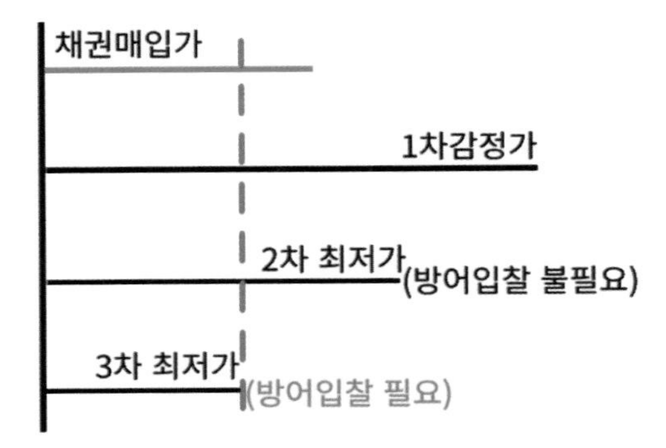

상가건물 임대차보호법

상가건물 임대차에 관하여 「민법」에 대한 특례를 규정하여 국민 경제생활의 안정을 보장함을 목적으로 2001년 12월 29일 제정되었다. 영세 상인들의 안정적인 생업 종사를 돕고 과도한 임대료 인상을 방지하여 세입자의 권리를 보장하기 위한 것이다.

사업자 등록의 대상이 되는 영업용 건물에만 해당되며 상가건물 임차인 중에서도 환산보증금이 일정 금액 이하인 영세 상인만이 이 법의 적용을 받는다. 사업자 등록을 할 수 없는 비영리단체 및 종교단체 사무실 등은 「상가건물 임대차보호법」이 적용되지 않는다.

선순위와 후순위

선순위 = 대항력 있음
후순위 = 대항력 없음

근저당과 전입일이 하루 차이라면 어떻게 될까?

예를 들어 전입일이 2023년 5월 15일이고 근저당이 2023년 5월 16일일 경우. 이렇게 하루 차이가 날 경우 임차인이 선순위가 된다. 임차인은 전입 다음 날인 00시에 효력이 발생한다.

하지만 은행은 아무리 빨라도 오전 9시는 되어야 영업이 시작될 것이다. 마찬가지로 대출을 받는다 하여도 오전 9시는 넘어야지 발생할 수 있다는 얘기이다. 그렇기 때문에 전입일이 하루 빠르다면 임차인이 선순위가 된다.

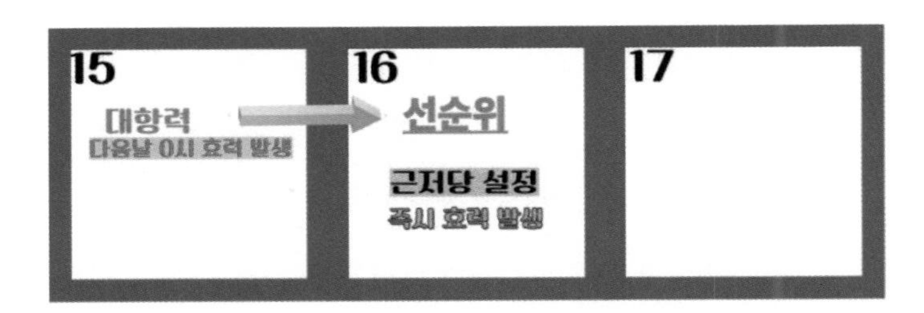

전입 날짜 달력

순위배당

매각대금이 채권액보다 많다면 문제가 되지 않기만, 작다면 배당순서에 대해 미리 알아두어야 한다. 경매가 진행이 되어 누군가 낙찰이 되면 보통 낙찰일로부터 한 달 정도 후에 매각대금을 납부하게 된다.

그러면 법원에서는 그 매각대금을 가지고 채권자들에게 돈을 나누어 주는 절차를 진행하는데 이것을 배당이라고 한다.

배당 방법에는 순위배당과 안분배당이 있다. 채권이 선순위라면 채권비율만큼 안분배당을 받게 되며 물권이 선순위라면 물권우선주의 원칙에 따라 전액 순위배당이 된다.

순위배당은 말 그대로 등기부에 등기된 순서대로 우선권이 있는 채권자에게 먼저 그리고 받을 금액 전부를 배당해 주는 방식이다. 이를 우선변제권이라고도 하며 물권에 해당하는 (근)저당권, 전세권, 담보가등기, 임차권 등이 우선변제권을 가진다.

전입과 확정일자를 가진 임차인도 우선변제권에 의해 순서대로 배당을 받는다.

임대차계약의 성격은 원래 채권이지만 「주택임대차보호법」에 의해 물권처럼 순위배당을 하게 되며 이를 채권의 물권화라고 부른다.

날짜를 기준으로 하여 배당순서가 정해지며 채권자들은 배당요구 종기일까지 배당신청을 해야 인정이 된다. 배당요구를 하지 않아도 되는 채권자는 경매신청인과 경매개시결정등기(경매기입등기) 전에 등기를 설정한 저당권자, 전세권자, 임차권자, 압류권자 등이 있다.

소액임차인(최우선변제권)

법에서 임차인 보증금의 일정액에 대해서 최우선적으로 배당을 해 준다는 내용이라고 알고 있으면 될 것이다.

단, 소액임차인의 요건을 갖추어야 한다.

내가 근저당보다 늦은 후순위였어도 소액임차인에 해당한다면 그냥 0순위로 올라가 버리는 것이다. 소액임차인이 되려면 전입이 무조건 있어야 한다.

전입이 없으면 임차인이 아니다.

소액임차인의 보증금 배당 범위는 지역마다 다르며 최초 근저당 설정 일자에 따라 보증금 범위가 다르다(전입과 배당신청은 필수 사항).

예시로 2023년 2월 21일 기준 서울에서는 1억 6500만 원 이하는 소액임차인으로 보고 있고 5500만 원까지는 우선 배당을 해 준다.

임차인이 서울에서 1억 6500만 원에 전세를 살고 있는데 경매에 넘어갔다면 최소한 5500만 원의 보증금은 찾을 수 있다고 보면 될 것이다.

즉, 일정 금액을 소액으로 보고 해당 금액 이하의 임차인에게는 일정 금액을 최우선으로 배당해 주는 거라고 보면 될 것이다(소액임차인 표 검색).

예시 조건

2023년 3월 서울 기준 소액임차인은 임차인의 임대금액이 1억 6500만 원일 경우 최우선변제금 5500만 원을 받을 수 있다.

낙찰 2억

순위		배당
1	저당권 2억	2억
2	전입(확정,배당) 1억	0
3	가압류 1천	0

해당 물건이 2억 원에 낙찰되었을 때 2순위인 임차인은 한 푼도 못 받고 나가야 하는 게 맞지만 이 임차인은 소액임차인 기준 1억 5천만 원보다 낮은 1억 원이기에 소액임차인에 해당이 된다. 때문에 선순위인 근저당 2억 원보다 먼저 5500만 원을 배당받게 되는 것이다.

순위		배당
1	소액임차인 보증금(1억)	5,500
2	근저당 (2억)	1억4,500 (낙찰금 2억-5,500)
3	임차인 4,500 소멸 (1억-5,500)	0
4	가압류	0

법에서 정해 놓은 소액을 최우선 배당하고 나머지 금액은 다시 순서대로 배당을 해 주게 된다. 그래서 임차인은 전부는 아니더라도 일정 부분 배당을 받을 수 있는 것이다.

소액임차인의 특권이 하나 더 있다.

배당요구를 하려면 확정일자가 있어야 한다. 확정일자가 있어야 비로소 배당신청을 할 수 있다.

그런데, 소액임차인은 확정일자가 없어도 배당신청이 가능하다.

그래서, 경매 입찰 전에 물건의 권리 분석을 할 때 임차인이 소액임차인의 유무를 확인해 볼 필요가 있다. 물론, 배당요구를 하지 않으면 그냥 소멸이다.

우선변제를 받을 임차인 및 보증금 중 일정액의 범위와 기준은 제8조 2항에 따른 주택임대차위원회의 심의를 거쳐 대통령령으로 정한다. 다만, 보증금 중 일정액의 범위와 기준은 주택가액(대지의 가액을 포함한다)의 2분의 1을 넘지 못한다.(개정 2009. 05. 08.)

위의 내용 중 2분의 1 조항, 이건 뭘까?

소액임차인을 위해 최우선변제를 해 주지만, 낙찰된 집값의 2분의 1 이상을 넘을 수 없다는 뜻이다.

이 외에도 전입은 있고 없고, 확정이 있고 없고, 배당이 있고 없고 등의 다양한 변수가 많으니 우리는 모든 사항에 관심을 갖고 그 변수에 관해 익혀 가야 할 것이다.

소액임차인은 확정일자가 없더라도 최우선변제를 받을 수 있으며 최우선변제를 받았어도 순위배당에 추가된다.

상계신청서

NPL의 채무인수 방식 중 하나로 해당 물건에 채권과 채무가 동시에 발생했을 때 같은 금액을 소멸해 달라고 법원에 제출하는 서류.

상계신청서를 받아 법원에 제출하게 되면 대금납부를 하는 것과 같은 것이라 보면 된다. 이후 소유권을 취득하고 대출을 일으켜 채권자에게 채무이행을 하면 끝!!

채권상계 신청서

사건번호 2023 타경 1234567

채 권 자 자유로

채 무 자 홍길동

위 사건에 관하여 매수인이 납부할 매각대금을 민사집행법 제143조 제2항에 의하여 매수인이 채권자로서 배당받을 금액한도로 상계하여 주시기 바랍니다.

2023년 8월 7일

매수인 자유로 good!

연락처 010-1234-5678

수원지방법원 귀중

유의사항

1) 채권자가 매수인인 경우에 그 채권의 배당액이 매입대금을 지급함에 충분한 때에는 매입대금의 상계로 채권이 소멸될 수 있습니다.
2) 이미 배당기일이 정해져 있는 경우에는 상계신청으로 인하여 배당기일은 새로 지정할 수 있습니다.

입찰가와 예상수익 산출

» 기준가

기준가는 해당 부동산에 대한 가치로서 소비자가 구매할 수 있는 합리적인 가격을 의미한다. 현장 임장을 통해 부동산에 대한 가격 정보를 확보하거나, 인터넷을 이용한 시세 변화 및 실거래가격 정보를 조사한 후 해당 부동산의 기준가를 산정한다.

» 입찰가

입찰가는 기준가에서 비용과 기대이윤을 뺀 금액으로 경매 입찰 시 해당 물건의 입찰 금액이다.

입찰가 산출 시 고려 조건

① 비용: 취득세, 법무비, 부동산중개수수료, 명도비
② 미납관리비, 수리 및 인테리어비, 양도세, 기타 잡비 등
③ 목표수익률: 해당 물건을 통해 얻고자 하는 최종 수익률
④ 대출: 개개인의 대출 가능 비율
⑤ 대출이자: 대출이자율과 중도상한율

예상수익

① 실투자비는 낙찰가에서 보증금과 대출금액을 뺀 후 총비용을 합산하여 산출한다.
② 연간 수입에서 대출이자와 중도상환 수수료액을 뺀 금액이 세후 수익이다.
③ 세후 수익을 실투자비로 나눈 값이 연간 예상 수익율이다.

※ 위 내용은 일반적인 것을 나열하였으며 부동산의 가격 변동성, 투자 기간 및 투자 타입에 따라 기본 조건을 달리할 수 있고, 취득세 및 양도세 중과 등 다양한 변수가 작용하기 때문에 예상수익은 변동될 수 있음을 인지하여야 한다.

임차권

> **임차권이란 당사자 일방이 상대방에게 목적물을 사용, 수익하게 할 것을 약정하고 상대방이 이에 대해 차임을 지급할 것을 약정함으로써 생기는 권리를 말한다.(「민법」 제618조)**

임차권은 계약을 통해 해당 물건에 대한 사용, 수익을 협의, 계약하고 이에 따른 사용료를 지불하고, 해당 물건을 점유하여야만 보호를 받을 수 있다.

그러나 임차 기간이 만료된 임차인이 보증금을 돌려받지 못한 상황에서 해당 부동산을 계속 점유할 수 없는 경우 임대인의 동의 유무와 상관없이 임차인은 권리를 유지하기 위해 임차권등기를 신청할 수 있다.

임차권등기는 신청만 하면 되는가? 그렇지 않다.

임차권등기를 신청하고 그 사실이 임대인에게 송달을 통해 전달되었을 때 비로소 임차권등기가 설정된다.

> **부칙 법률 제19356호. 2023. 04. 18.**
> **제1조(시행일) 이 법은 공포 후 6개월이 경과한 날부터 시행한다. 다만, 제3조의 7의 개정규정은 공포한 날부터 시행한다.**
> **제2조(임차권등기명령의 집행에 관한 적용례) 제3조의3 제3항 각호 외의 부분 전단의 개정규정은 이 법 시행 전에 내려져 이 법 시행 당시 임대인에게 송달되지 아니한 임차권등기명령에 대해서도 적용한다.**
> **제3조(임대인의 정보 제시 의무에 관한 적용례) 제3조의 7의 개정규정은 같은 개정규정 시행 이후 임대차계약을 체결하는 경우부터 적용한다.**

하지만 2023년 4월에 개정된 임차권등기의 신속화로 임차권등기명령이 임대인에게 고지되기 전에도 신청이 가능, 세입자의 대항력 및 우선변제권, 거주이전의 자유를 보장받을 수 있게 되었다.

그럼 경매 진행 시 임차권등기의 숨어 있는 의미에 대해 알아보자.

■ 임차인의 경매신청은 배당신청을 한 것으로 간주한다.(대법 2013다 27831)

경매를 신청한 것은 돈을 받기 위함이므로 따로 배당신청을 하지 않았다 하더라도 배당 신청한 것으로 간주한다.

단, 경매기입등기 이전에 임차권등기가 되어 있어야 하며 만일 경매기입등기 이후에 임차권등기가 되었다면 배당 종기일 전 배당신청을 따로 해야 한다.

■ 임차인의 배당요구는 계약해지의 의사표시이다.(대법 98다 2754)

즉, 타인에 의한 경매신청 때 배당요구를 하거나 본인의 경매신청은 돈을 받고 나가겠다는 의미로 판단한다.

■ 같은 주택에 임차인의 우선변제권은 1회에 한한다.(대법 2005다 21166)

흔하지 않지만 같은 주택의 2번 경매, 임차인의 선행, 후행 경매사건이 진행될 시 1회의 우선변제권 외로 추가적인 우선변제권은 상실, 하지만 대항력은 소멸되지 않아 새로운 낙찰자에게 보증금 반환을 요청할 수 있다.

유치권

등기에 표기되지는 않으나 물권 중 하나로서 타인의 물건이나 유가증권을 점유한 자가 그 물건이나 유가증권에 관하여 생긴 채권이 변제기에 있는 경우 그 채권을 변제받을 때까지 유치할 수 있는 권리.

❶ 허위 유치권 처벌 조항

경매입찰방해죄: 허위로 유치권을 신고해서 낙찰가를 떨어뜨리는 행위.

업무방해죄: 유치권이 부정된다면 경매입찰방해죄와 업무방해죄가 될 수 있다.

❷ 유치권 성립이 되는지 근거를 찾아내는 것이 우선

유치권이 있다고 주장하는 쪽에서 입증해야 한다.

❸ 유치권자가 경매 압류 개시 이전에 점유했어야 한다.

집행관의 공적 현황조사 당시 유치권 행사의 내용이 있어야 한다.

❹ 유치권 성립 요건

- 적법한 점유
- 유치 목적물과 피담보 채권 사이 견련성(공사대금의 진정성) 존재
- 변제기 도래
- 당사자 사이 유치권 배제 특약이 없어야 한다.

❺ 유치권 성립 확인

- 유치권자의 점유 유무
- 점유 개시 시기 확인
- 공사대금의 진정성
- 경매개시 결정 이후의 유치권 신고는 성립이 안 됨
- 집행관의 현황조사서, 감정인의 감정평가서 등에 유치권 존재 유무

유치권 배제신청서는 유치권 성립 여부와 무관하다.

- 유치권 배제신청서만 보고 입찰에 참여했다간 낭패를 볼 수 있다.
- 유치권 배제특약서, 유치권 포기각서 등이 제출되었다면 참여 가능하다.

경매에서 유치권이 성립되는 경우는 매우 적으나 충분한 경험이 부족한 초보자는 신중한 접근이 필요하다.

임장

» 1. 사이버 임장

요즘 같은 스마트한 시대에는 사이버 임장으로 많은 정보를 수집할 수 있다.

기본적으로 사건번호에 해당 물건지 주소 검색하기
예) 국토교통부 실거래가 자료 확인(http://rt.molit.go.kr/)
네이버 부동산, KB 부동산, 호갱노노, 디스코, 아실 등등.

» 아파트 임장 시 주요 체크 포인트

- 층수(로열층, 고층, 중층, 저층, 1층) 층수에 따라 가격 차이 알아보기
- 조망(자연뷰인지 물뷰인지-조망은 현장 임장이 정확하다)
- 방향(남향, 남동향, 남서향, 동향의 순으로 가격 차이가 난다)
- 선호도(아파트마다 선호 동과 타입이 있다)
- 수리 여부(확장되었는지 아닌지 중요하다)

빌라는 자료 부족으로 사이버 임장이 쉽지 않다.

» 2. 현장 임장

해당 물건지 주변 부동산(공인중개사)으로 go~!
부동산(공인중개사) 방문 시 다양한 콘셉트로 방문하기~~~
- 매수자의 입장으로
- 매도자의 입장으로

- 임차인의 입장으로

해당 물건의 입장에 따라 말씀해 주시는 가격이 다른 것을 알 수 있다.

입장에 따라 금액이 달라지기 때문에 입찰가(낙찰할 금액) 잡기에 도움이 된다. 사이버 임장의 금액과 해당 공인중개사 방문 시의 금액이 많이 달라지므로 현장 임장을 중요시해야 한다.

» 추가적 현장 확인

- **면적** : 같은 적용 면적 vs 다른 공급 면적/타입
  요즘 아파트는 A, B, C 타입이 있으며, 같은 평수라도 공급면적이 달라서 33평, 34평, 35평 등으로 다를 수 있다.
- **채광** : 밖에서 보는 것과 안에서 느끼는 채광이 다를 수 있다.
- **지형** : 사이버 임장으로는 높낮이를 알기가 쉽지 않다.
- **노후도** : 빌라/누수(아래층 탐문), 오피스텔(옵션)
- **관리비 미납 금액, 미납 기간, 거주 여부**

※ 입찰 가격은 현장조사 뒤에 결정하자.

- 선입견 버리고, 객관적 판단하기
  내가 직접 거주할 수도 있지만 수익을 바라는 경우가 많을 것으로 생각한다. 그러므로 수익성을 위한 냉정한 판단을 하자.

- 부동산 방문 시 3가지 입장의 콘셉트로 방문하기

- 내가 보고 싶은 매물(평수, 타입) 보기

- 습득한 정보는 꼭! 정확하게 자세하게 메모하기

- 사진 촬영은 빈집은 가능하므로 세세하게 찍어 두기
(현관에서 전면 사진→거실뷰→앞 베란다→주방→욕실→뒤 베란다(보일러) 누수, 곰팡이

- 부동산 명함에 내가 방문했던 콘셉트, 호감도 메모해 두기
(시간이 지나면 내가 방문했던 콘셉트가 기억에서 지워져 버려 당황스러울 때가 많기 때문이다.)

- 경매 물건과 방문한 매물 물건과의 비교 평가해 보기
(나만의 임장 보고서 만들어 두기)

- 목적에 따라 입찰가가 달라진다.
(실거주? 장기투자? 단타 수익투자? 월세 세팅?)

★ 임장 경험 공유 ★

매수자의 입장으로 방문 시

용인 ○○아파트.
부동산 사장님이 안 계시고 따님이 자리를 지키고 있었다.
당시 나도 초보였지만 따님 또한 초보라서 말하기가 수월했다.
친절하게 ○○역과 5분 거리로 갈 수 있는 지름길도 알려 주고, 주변 인프라까지….

사건 물건과 같은 평수, 같은 동, 같은 라인에 부모님이 사시는데 괜찮으면 부모님 집까지 보여 주신다고 하였다.
이 얼마나 좋은 행운인가 싶어서 바로 집 보기로~~~
3베이로 중간층이라 조망, 채광도 좋을 거라 생각했는데….
조망이~~ 방마다 무덤뷰~~
생각지도 못한 상황이라니…. 거실뷰는 도로, 남서향인데….
생각보다 많이 어두운 느낌이 들었다. 아무리 내가 살 집이 아니어도 임차인이 무덤뷰를 보고 생활한다면…. 매도할 때 쉽지 않겠다는 결정이 내려졌다.
입찰할 생각으로 5번 정도 임장을 하였으나, 무덤뷰로 패쓰~~
고를 수 있는 물건은 많으니….

임차인의 입장으로 방문 시

광주 ○○하우스.
요즘은 집 보러 갈 때 미리 예약하고 방문해야 한다.
예약 시 비어 있는 집이 있다 하여 수리 안 된 집과 올 수리가 되어 있는 집 2군데 모두 보기로 한 후에 방문하였다. 15년이 넘은 집이라….
인테리어 자재가 모두 체리 컬러였구, 50평형이라 인테리어 비용도 엄청날 듯 싶었다.
부동산 사장님과 대화를 했는데, 인테리어 비용이 최소 8000만 원 이상이 든다고 하셨다.
또 다른 집은 인테리어가 되어 있었다.

1억 이상의 거금을 들여서 인테리어가 되어 있었다.
너무 마음에 들었지만, 경매로 나온 집이 아니므로 흥분된 마음은 여기까지만~~
(냉정한 객관적 판단이 필요)
사장님께 여쭤보니 대다수 15년이 넘어서 조금씩은 인테리어를 했지만, 크게 기대는 말라는 말씀이 너무 감사했다.

은근슬쩍 경매 나온 동은 어떻냐구 여쭤보니~~
앞 동과 가까워서 앞집 거실뷰라고 비선호동으로 전세도 잘 안 나간다고 하셨다.
부동산 사장님께 조금 생각해 보고 연락을 드린다 하고~~
○○하우스 단지를 둘러보았다.
부동산 사장님 말씀대로 사건 물건과 앞 동의 거리는 1차선 도로 거리밖에 안 됐다. 경매지 정보에서는 알 수 없었던 현장 임장에서 확인할 수 있는 정보였다~
매도자의 입장으로 주변 부동산에 전화해서 통화로도 가능하다.
사이버 시세를 알아보고, 매매할 생각이 있는데 얼마 정도 매도금액이면 되겠나요??
역순으로 물어보면 대략적인 금액이 나온다.
매수자의 입장과 매도자의 입장, 임차인의 입장이 각각 다르므로 입찰금액과 출구전략에 큰 도움이 될 수 있다고 생각한다.

우선매수청구권

「민사집행법」 제140조 1항에 의해 지분을 소유한 다른 공유자가 다른 입찰자들의 순위에 우선하여 매수 신청을 할 수 있는 권리.

우선매수청구권은 보통 지분권자의 권리가 보통이었으나 23년 깡통전세로 추가 개정되었다. 예를 들어 임차인이 살고 있는 집이 경매에 넘어가고 누군가 낙찰을 받았을 때 낙찰가와 같은 금액으로 임차인은 우선매수 신청을 할 수 있다.

» 적용 주택 범위

공공건설 임대주택, 민간매입 임대주택, 민간건설 임대주택
(2015년 12월 29일까지 임대인이 사업승인을 받았거나 임대사업을 목적으로 해서 신고를 한 임대주택의 임차인에게 한정된다.)

» 우선매수청구권 행사 방법

❶ 미리 신청하는 방법
경매 진행 과정에서 미리 법원에 우선매수 신고를 하는 방식이다.
단, 1회에 한해서 행사할 수 있다.

❷ 상황을 지켜보며 신청하는 방법
입찰보증금을 지참하고 유찰 시엔 다음 기회를 노릴 수 있고 낙찰 시엔 "잠깐~~"을 외치며 같은 금액으로 우선매수청구권을 행사하는 방법이 있다.

안분배당

물권과 채권이 동시에 있을 경우 압류권자나 가압류권자와 같은 채권이 선순위 권리자라면 총채권액에 대한 자기채권 비율만큼 받는 배당.

계산 방식

$$\text{남은 배당액} \times \frac{\text{해당 채권 금액}}{\text{채권 총액}}$$

안분배당 계산

예) 낙찰금 2억원

우선배당 A 근저당 8000만원
안분배당 B 가압류 5000만원
우선배당 C 근저당 3000만원
안분배당 D 가압류 4000만원
E 근저당 6000만원

안분배당 계산후
배당금을 전체 합산해 보세요.
낙찰금과 딱 떨어지게 해야합니다.

배당순서 및 배당금액

① A 근저당 8000만원 배당

남은금액 1억2천

② $\frac{B}{B+C+D+E} \times$ 1억2천 (남은금액) = B의 배당금 33,333,333원

남은금액 1억2천 - 33,333,333원 = 86,666,667원

③ C 근저당 3000만원 배당

남은금액 86,666,667원 - 3000만원 = 56,666,667원

④ $\frac{D}{D+E} \times$ 56,666,667 (남은금액) = D의 배당금 22,666,666원

남은금액 56,666,667원 - 22,666,666원 = 34,000,001원

⑤ E 근저당 34,000,001원 배당

양도세, 증여세, 상속세

» 양도세

토지, 건물, 따위를 유상으로 양도하여 얻는 소득에 대하여 부과하는 조세. 매도금액에서 취득할 때의 가격, 필요경비, 양도소득 공제 및 공제금액을 뺀 나머지에 대하여 부과한다.

» 증여세

증여를 통하여 다른 사람의 권리나 재산을 받은 사람에게 물리는 세금.

» 상속세

상속세는 재산세의 일종이다.
상속세는 불로이득세의 성격을 가진다.
상속세는 소득세 및 수익세 등의 과세 탈루를 보완하는 성질을 지니며, 우연 이득에 대한 과세로 부의 집중을 시정하는 기능을 가진다.

전자소송

변호사는 돈을 주고도 만나기 힘든 게 현실이다. 다행히, IT 강국 대한민국엔 전자소송 제도가 있다. 경매인으로서 매력 있는 물건을 골라 약간의 수고로 장애물을 제거할 수 있는 기술과 담력만 갖춘다면 크고 튼튼한 나만의 장바구니를 가질 수 있지 않을까? 최소한의 요건이 구비된다면 얼마든지 셀프 소송이 가능한 것이다. 전자소송 페이지 안내에 따라 청구 취지와 이유, 이를 뒷받침할 입증자료(계약서, 입금내역, 카카오톡 문자 등) 파일을 첨부해 셀프 소송에 도전해 보길 추천한다.

소송까지 가지 않고 당사자 사이에 원만하게 분쟁을 해결하는 것이 최선이겠지만, 불가피하게 소송을 해야만 하는 상황이 된다면, 대법원이 제공하는 인터넷 전자소송 서비스를 이용할 수 있다.

2010년 「민사소송 등에서의 전자문서 이용 등에 관한 법률」이 제정되면서 특허법원 사건을 시작으로 현재는 민사본안 및 조정신청 사건, 가사, 행정, 도산 사건, 민사집행, 신청, 비송사건 등으로 서비스가 확대되었다.

형사사건은 전자소송 안 돼요~

1. 인터넷 포털사이트에서 '전자소송'을 검색
https://ecfs.scourt.go.kr/

2. 전자서명 인증서(공인인증서)를 준비하고, 사용자 등록(보안 프로그램 설치 권고가 뜨면 모두 설치)

3. 로그인(등록한 아이디와 비번으로)

4. 첫 페이지에서 서류제출 → 민사소송 → 소장 순서로 클릭하여 전자소송 진행 동의 클릭(당사자/대리인 선택)

5. 사건 기본정보 입력 : 사건명/청구구분/소가구분/소가산정/제출법원

6. 당사자 기본정보 입력 → 당사자 구분(내가 원고인지 피고인지 선택하고 클릭)
인적사항(연락처/이메일 등) → [다음] 클릭

7. 청구취지/원인
① 직접 작성 : 화면상의 직접 작성 예시문에서 유사한 것을 선택하여 자신의 상황에 맞게 각색하고 빈칸 채우기
② 첨부하기 : 따로 작성한 문서를 파일 첨부하는 방식('첨부하기' 클릭 후 등록)

8. 입증서류 입력 :
예) 차용증 PDF 파일 '첨부' 클릭 후 등록 → 임시저장 클릭 → [다음] 클릭 → 그 외 주민등록등본, 등기부등본, 기타서류 등록 후 → [작성완료] 클릭

9. 작성완료 화면
① '소장' PDF로 뜬다. 제대로 입력되었는지 확인 후 출력, 저장 가능 → 확인 클릭

② 전자서명 버튼 클릭 (종이 문서에 도장을 찍는 것처럼 상당히 중요한 행위)

10. 소송비용 납부 : 신용카드, 계좌이체, 가상계좌 납부 등 다양한 결제 수단으로 '인지액(법원 서비스 이용료)'과 '송달료' 납부

은행에서 직접 납부한 영수증을 스캔해서 제출도 가능

입력한 내용과 제출서류 확인 후 하단의 [제출] 클릭

11. 소장 제출 완료~~!!! '전자접수증' 출력

12. 전자문서열람 : 전자우편이나 문자메시지로 송달내역이 통지되면 안내에 따라 전자소송 홈페이지에 접속하고 로그인하여 '송달문서 확인', '나의사건열람' 등으로 나의 소송 진행 상황을 알 수 있다.

전입신고

소멸은 낙찰자가 신경 쓰지 않아도 되는 금액이지만 반대로 '인수'는 말 그대로 낙찰자가 떠안아야 하는 금액이기 때문에 굉장히 중요하다.

이 모든 것들은 대항력의 유무에서 시작된다.

임차인에게는 「상가건물 임대차보호법」으로 보호를 받을 수 있는 권리가 있다. 그 권리의 조합에는 '대항력, 우선변제권, 배당요구권'의 3가지 권리가 있다. 그중 단연코 중요시되는 것이 전입요건이다.

전입

이집에 이사왔다는 주민등록 신고

주민센터에 전입신고를 마친 다음날 0시부터 효력발생

보통 전입을 하는 날 행정복지센터에 가서 전입신고와 확정일자를 한 번에 받는 경우가 많다. 상황에 따라서 날짜가 다른 경우도 경매를 접하다 보면 많이 볼 수 있다. 전입은 말 그대로 내가 임차인임을 법으로 규정하는 것이다. 전입 날짜에 따라서 선순위냐 후순위냐 결정이 된다. 오로지 전입일이 가장 중요한 것이다.

간혹 보면 확정일자가 전입일보다 빠른 경우가 있다. 확정일자가 빠르다고 선순위가 되지는 않는다.

집주인이 어떠한 사정에 의해서 세입자에게 잠시만 주소를 빼 줬다가 다시 들어오라고 하는 경우들도 있을 것이다. 서류상으로 이사를 갔다가 다시 돌아온 상황이 되는 거라서 전입일자가 확정일자보다 뒤로 밀리는 경우가 생기는 것이다. 이런 상황은 정말 위험한 것이라 생각해야 한다.

어떠한 일이 있더라도 주소를 뺀다고 하면 보증금을 무조건 다 받고 옮겨줘야 한다. 내가 그 집에 살고 있고 주소만 잠시 옮겼다 뺀다 하더라도 서류상에서는 날짜가 빠지기 때문에 후순위가 되어 버릴 수 있기 때문이다.

저당권

채권의 담보로 제공된 부동산에 대하여 일반 채권자에 우선하여 변제받을 수 있는 약정 담보물권.(「민법」 제365조 이하)
저당권은 물권으로서 경매신청권과 우선변제권을 갖고 있다.
저당권은 등기부등본에 등기(명시)를 한 시점부터 저당권의 효력이 발생한다.

» 저당권과 근저당권의 공통점

❶ 채무자의 부동산을 담보로 설정하는 권리.

❷ 등기부등본에 등기해야 담보설정의 효력 발생.

❸ 돈을 갚지 않을 경우 경매신청권리 있음.

❹ 경매로 매각 시 매각금액에서 우선적으로 돈을 변제받음.

» 저당권과 근저당권의 차이점

❶ 저당권은 채권금액이 고정(근저당권은 채권금액이 변동됨).

❷ 저당권은 변제일이 고정(근저당권은 미고정).

❸ 등기부등본에 저당권은 채권액, 근저당권은 채권최고액으로 명기.

❹ 변제완료 시 저당권은 등기부등본에서 흔적이 저절로 사라지나 근저당권은 별도의 말소신청을 하여야 함.

전세권

전세권이란 전세금을 지급하고 타인의 부동산을 일정 기간 그 용도에 따라 사용, 수익한 후 그 부동산을 반환하고 전세금의 반환을 받는 권리.(「민법」 제303조 1항)

전세권자는 전세금 반환에 관하여 다른 채권자보다 우선변제를 받을 권리가 있다.

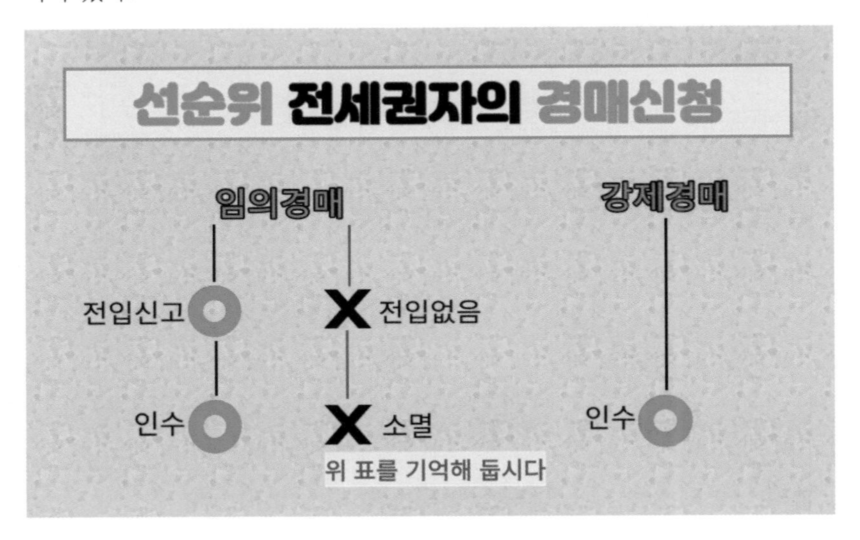

» **전세권의 특징**

1. 타인부동산에 대한 권리

타인의 부동산에 대한 권리로서, 토지와 건물이 전세권의 목적이 된다.

2. 용익물권

전세권은 부동산의 용도에 따라 토지 토는 건물을 사용, 수익하는 권리이다.

3. 전세금의 지급

전세금의 지급은 전세권 성립의 요소가 된다.

4. 담보물권

전세권자는 그 부동산 전부에 대하여 후순위 권리자나 기타 채권자보다 전세금의 우선변제를 받을 권리를 갖는다. 따라서 전세권자는 전세금 반환을 위하여 목적 부동산에 대하여 경매권과 우선변제권을 행사할 수 있다.

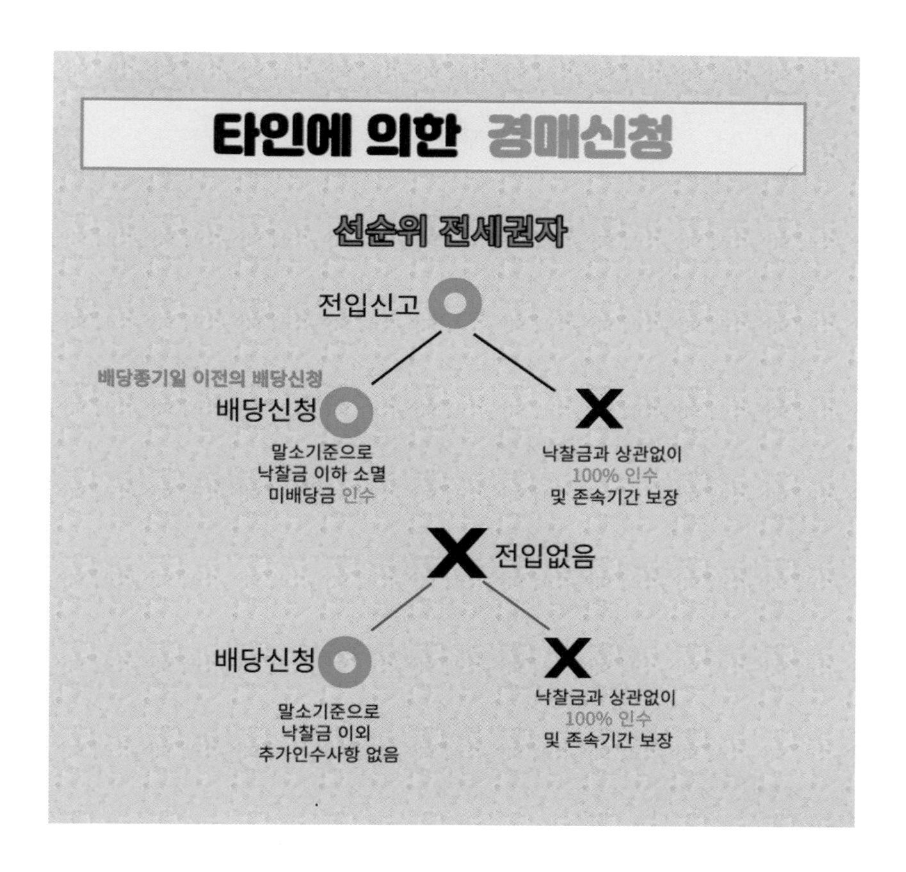

» 전세권의 성립

❶ 전세권은 전세권설정 계약과 등기에 의하여 성립한다.

❷ 전세금의 지급은 전세권 성립의 요소가 되므로 전세권이 성립하려면 전세금을 주고받아야 한다.

» 전세권설정 등기

❶ 전세권설정 등기는 임대차계약에 있어 임대인과 임차인의 합의에 의하여 체결되는 계약으로 전세권을 임대인의 동의 없이 설정할 수 없으며 등기를 해야 효력이 발생한다.

요약

- ▶ 선순위 전세권자의 경매신청은 말소기준권리가 된다.
- ▶ 선순위 전세권자의 전입이 있을 시엔 미배당금은 낙찰자에게 인수.
- ▶ 선순위 전세권자에 의한 경매신청으로 전세권자의 전입이 없을 시엔 이하 소멸.
- ▶ 전선순위 세권자의 판결문에 의한 경매신청은 인수.
  본인의 지위를 강화하기 위함으로 본인의 권리로 본인의 권리를 소멸시킬 수 없다.(대법 2010마 900)
- ▶ 경매신청은 배당요구를 한 것으로 간주한다.
- ▶ 배당 종기일 이후의 배당신청은 인정되지 않는다.
- ▶ 경매 정보지에 배당신청이 되어 있다 하더라도 확인은 필수!!

지역권

지역권의 개념

1. 지역권이란 일정한 목적을 위하여 타인의 토지를 자기 토지의 편익에 이용하는 권리를 말한다.(「민법」 제291조)
2. 편익을 주는 토지를 '승역지(지역권 설정자)', 편익을 받는 토지를 '요역지(지역권자)'라고 한다.

» 지역권의 특성

❶ 지역권은 배타적이지 않고 공용의 특성을 가진다.
요역지의 사용자가 승역지로부터 이익을 받는 것이지, 그로 인해 승역지 소유자의 사용 및 수익을 제한하는 것이 아니다.

❷ 지역권은 부용성을 보이는데, 쉽게 말해 요역지의 소유권이 변경되었을 때 기존의 요역지 소유자에게로 권리가 계속 유지되는 것이 아니라 새로운 요역지 양수인에게로 권리가 이전된다.

❸ 지역권의 수반성으로, 쉽게 말해 요역지에서 지상권, 전세권, 저당권 등을 취득하면 이러한 권리들은 자동으로 지역권의 영향을 행사할 수 있음을 의미한다.

❹ 지역권은 불가분성으로 공유자 중 한 명이 지역권을 취득했다면 다른 공유자도 모두 권리를 행사할 수 있다.

» 지역권의 취득

지역권은 일반적으로 설정계약과 등기에 의하여 취득한다.

그밖에 유언·상속·양도·취득시효 등에 의해서도 취득할 수 있다.

소유자, 기타 적법한 사용권자(요역지 소유자, 요역지상의 전세권자, 지상권자, 임차권자)만이 시효취득을 할 수 있다.

» 지역권에 따른 손해배상

종전의 승역지 사용이 무상으로 이루어졌다는 등의 다른 특별한 사정이 없다면 통행지역권을 취득 시효한 경우에 승역지 소유자가 입은 손해를 보상해 주어야 한다.

» 지역권의 효력

❶ 지역권자는 승역지를 이용할 수 있는 권리를 가지게 되지만 지역권 목적에 필요하면서 승역지 이용자에게 부담이 가장 적은 범위 내에서 모색해야 한다.

❷ 승역지에 수많은 지역권이 설정되는 경우 후순위 지역권자는 선순위 지역권자의 권리행사를 방해할 수 없다.

지분경매

» 지분경매의 개념

동일 부동산을 소유자 2명 이상이 공동으로 소유한 상태에서 공동소유자 중 일부 지분만 경매로 나오는 경우. 지분경매 참여 시에는 지분인수에 따른 위험 부담, 대출 가능 여부, 소송에 따른 소요 기간 등을 고려한 출구 전략을 세운 뒤 접근하는 것이 필요하다.

예) 부동산을 갑과 을이 각각 1/2씩 소유하고 있다.

갑의 개인적 사유로 갑의 지분 1/2만 경매에 나오는 경우.

지분경매의 장단점

① 장점

- 일반 물건에 비하여 경매 경쟁률이 비교적 낮다.

- 소액으로 원하는 투자가 가능하다.

② 단점

- 일반 물건에 비하여 수익 창출의 시간이 많이 소요될 수 있다.

- 명확한 출구 전략이 없으면 손해를 볼 수도 있다.

- 낙찰 물건에 대한 대출 실현이 비교적 어렵다.

- 공유자 우선매수청구권으로 인해 낙찰권을 뺏길 수도 있다.

» 지분경매의 출구 전략

❶ 적당한 수익을 보고 공유자에게 내 지분을 매각하는 방법

- 낙찰 물건의 타 공유자와 협의하여 내 지분을 타 공유자에게 매각
- 단기간에 공유자와의 원만한 합의를 통해 이익 실현 가능

❷ 다른 공유자의 지분을 사들여 지분을 합치는 방법

- 낙찰 물건의 타 공유자와 협의하여 타 공유권자의 지분 매수
- 단기간에 많은 수익을 기대할 수 있으나 공유자와의 원만한 합의, 물건의 성격, 입지 등에 대한 확신이 필요

❸ 공유물분할청구소송을 통해서 모든 지분에 대하여 일괄 경매신청을 하는 방법

- 소송을 통해 모든 지분을 일괄 경매신청
- 부동산 하락기에는 손해를 볼 수도 있음

❹ 부당이득반환소송을 통한 공유자 지분 경매에 부치는 경우

- 공유자 지분에 대한 부당이득반환소송을 통한 강제 경매신청
- 공유자우선매수청구권 등의 권리를 이용한 수익 극대화 가능
- 시간이 많이 소요될 수 있으며 부가적 비용 발생(세밀한 출구 전략이 필요)

❺ 기타

- 공유자와 대화를 통한 원만한 합의 유도가 가장 바람직하지만 합의가 원만히 이루어지지 않을 경우를 대비한 준비도 병행하는 것이 타당

질권, (근)질권

» 질권이란

채권자가 채권의 담보로서 채무자 또는 제3자(물상보증인)로부터 받는 담보물권을 말한다.(「민법」 제329~355조) 은행에서 대출을 받을 때 근저당이 설정된다. 대출할 때 근저당이 설정되는 것처럼 설정된 근저당도 사고팔 수 있다. 설정된 근저당을 사 올 때 대출받는 것을 질권대출이라 한다. 질권, 근질권, 근저질권, 질권대출 등으로 표현된다.

근저당은 부동산에만 설정되면 등기를 해야만 효력이 발생하고 인도와 점유를 요하지 않지만 질권은 동산과 유가증권, 권리에 대해 설정되며 목적물을 인도함으로써 효력이 발생하고 담보의 효력이 있는 동안 지속적 점유가 가능하다.

점유이전가처분

» 부동산에 대한 인도, 명도청구권을 보전하기 위한 가처분

목적물의 인적, 물적 현상을 본 집행 시까지 그대로 유지하게 하는 가처분.

채권자가 권리를 실현하기 위하여 취하는 보전처분의 일종으로 명도소송(불법점유자로부터 목적물을 반환받기 위해 진행하는 소송) 진행 전에는 반드시 이루어져야 하는 절차.

명도소송이 진행되는 동안 채무자가 부동산에 대한 점유를 다른 이에게 이전하거나 점유 명의를 변경하려는 위험을 원천적으로 방지하기 위해 점유이전가처분을 신청하게 된다.

가처분을 신청할 때는 목적 부동산을 명백하게 특정해야 한다.

» 점유이전가처분 절차

신청서 작성(목적 물가액 및 부동산 표시, 신청 취지 등) 및 그 외 필요 서류와 소명 자료 등을 첨부하여 법원에 제출하면 사건번호를 부여받고 10일 미만으로 명령서를 우편으로 수령할 수 있다.

집행권원

» 집행권원의 개념

국가의 강제력에 의하여 실현될 청구권의 존재와 범위를 표시하고 집행력이 부여된 공정증서를 말한다.

간단히 말해 '집행력 있는 문서'들을 말한다.

» 집행권원의 종류

❶ 승소한 1심 가집행 선고가 있는 판결문, 최종 확정 판결문

❷ 확정된 지급명령, 이행권고 결정

❸ 기한이익 상실된 공정증서(약속어음공증, 금전소비대차공증 등)

❹ 이행하지 않고 있는 조정조서, 화해조서

❺ 형사 1심 선고 후 받은 배상명령, 양육비 조서

❻ 금전대차 등의 계약을 할 때 '불이행 시에는 즉시 강제집행을 하여도 이의 없다'는 뜻의 문언을 기재하여 공증을 받아 두면 집행권원이 된다.

» 집행권원에 대한 집행문 발급 신청하는 방법

확정된 지급명령, 이행권고 결정문을 제외한 법원 판결문은 채무자 압류집행 시 별도의 '송달, 확정증명원, 집행문 부여' 신청서를 작성하여 신청한다.

취득세, 재산세

» 취득세

주택을 취득하면 내야 하는 세금.

매매, 교환, 상속, 증여 등 유무상의 모든 형태를 말한다. 건축물이나 토지, 부동산에 준하는 차량, 입목뿐만 아니라 권리를 나타내는 회원권을 소유하게 되어도 취득세를 내야 한다. 취득세는 취득가액 등을 기준으로 매년 정부에서 제시하는 취득세율에 따라 산정된다.

» 재산세

납세자가 소유한 재산의 경제적 교환가치에 대해 과세하는 조세로 건축물, 주택, 항공기 등과 같은 재산에 대하여 정기적으로 부과하는 지방세를 말한다. 건축물 주택에 대한 과세표준은 시가표준액에 부동산 시장의 동향과 지방제정 여건 등을 고려하여 공정시장가액비율을 곱하여 산정한다.

청구금액

경매를 신청한 채권자가 받아 가는 금액.
채권자가 받아야 할 원금+이자+법정연체이자+그 외 비용 등.

신청한 날짜를 기준으로 하여 청구금액이 산정되며 이후 배당기일까지 합당한 이자 및 법정 연체이자가 추가된다.

이때 원금과 추가된 날짜의 모든 이자를 포함한 금액을 채권행사 권리금액이라 지칭한다.

출구전략

경매로 낙찰을 받으려는 전략 또는 낙찰을 받은 물건의 용도, 쓰임새 등을 명확히 해서 이로 인한 경제적 이득이나 목적을 극대화하기 위한 전략.

경매는 낙찰을 받는 것보다 출구전략을 명확히 하는 것이 더 중요하며 명확한 출구전략을 사전에 충분히 검토한 후 경매에 참여하여야 한다.

경매의 출구전략은 해당 물건의 성질, 즉 아파트, 상가, 토지 여부와 해당 물건의 조건, 즉 단순경매, 지분경매, 선순위 임차인 여부, 기타 조건을 고려하여 다양하게 접근이 가능하며 2~3가지의 출구전략을 고려하여 경매에 입찰하여야 한다.

» 대표적인 주거용 경매 물건의 출구전략

단타 : 리모델링 후 바로 매도하는 방법(단타)으로 수익을 낸다.

실거주 : 시세보다 저렴하게 매수하여 실거주를 할 수 있는 장점이 있다.

풀피투자 : 내가 매수한 가격보다 전세 가격을 더 높게 하여 세입자를 맞췄을 때 풀피투자라고 한다. 경매에서 많이 투자하는 방식인데 저렴하게 낙찰을 받아 리모델링을 한 후 전세 가격을 높게 하여 세입자를 맞추는 방법이다.

무피투자 : 적은 돈으로 부동산을 매매하면서 전세 세입자를 들이는 매물로 매매가격에서 전세가를 뺀 금액으로 부동산 가격이 상승하면 그 차익의 수익을 내는 방법이다.

가족별 투자, 공동투자 : 하나의 지분에 여러 명의 투자자가 참여해 고수익을 취하는 방법이다

경매투자신탁 : 펀드 조성 주체가 일반 투자자에게서 모은 자금으로 경매에 입찰해 물건을 낙찰받은 뒤 운영 수익금을 투자자에게 돌려주는 간접투자 상품이다.

채권행사 권리금액

채권자가 행사할 수 있는 원금+이자+연체이자 등을 배당받는 날까지 계산한 총금액.

계산식(개월 or 날짜)
(채권원금×연체이자율)/12개월×연체개월+채권원금(청구금액)
(채권원금×연체이자율)/365일×연체일수+채권원금(청구금액)

예를 들어보자

월 단위

채권원금: 2억(청구금액 1.8억)

이자율: 5%+법정연체율 3%=8%

연체개월: 16개월

(2억×8%)÷12개월×16개월+1.8억=201,333,333원

예를 들어보자

일 단위

채권원금: 2억(청구금액 1.8억)

이자율: 5%+법정연체율 3%=8%

연체개월: 483일

(2억×8%)÷365일×489일+1.8억=201,435,616원

차액약정보전금

NPL 투자 방법은 여러 가지가 있지만 그중 론세일 방식, 사후정산 방식, 채무인수 방식이 많이 사용된다.

이 중 론세일 방식은 법인만 투자할 수 있어 개인이 접근하기에는 한계가 있다. 반면 사후정산 방식과 채무인수 방식은 개인이 직접투자가 가능한 방법으로 금융기관에서 직접 NPL을 매입하는 것이 아니라 유동화회사에서 리세일을 하게 된다.

금융기관 → 유동화회사 매수 → 개인 또는 법인 재매수

유동화회사에서 NPL을 매입한 개인은 경매입찰을 통해 해당 물건을 취득하고 이후 매매 등으로 차액을 얻을 수 있다. 사후정산 방식과 채무이행 방식은 론세일처럼 근저당권의 이전등기가 되는 것도 아니기 때문에 표면적으로 드러나지 않는다. 유동화회사와 매입자 간의 Pay Back 조건이라 보면 된다.

이때 유동화회사는 개인에게 매매한 물건이 예상보다 비싼 가격으로 경매에서 낙찰되어 발생할 수 있는 리스크(?)를 최소화하기 위해 '차액약정보전금'이라는 조건을 계약서에 추가하려 한다.

차액약정보전금은 유동화회사에서 매매한 채권매각금액과 해당 물건의 경매입찰 차순위 금액과의 차액에 대하여 규정을 두어 전부 또는 일부를 유동화회사가 돌려받으려 하는 규정으로 보면 된다.

예를 들어보자

채권금액이 6억인 물건을 유동화회사에서 3억에 매입했다고 가정해 보자(이때 차액약정보전금을 50%로 계약).

NPL 매입 후 5억으로 경매에 입찰하여 낙찰되었는데 이 물건의 차순위가 4억에 입찰하였다고 가정하였을 때 매입가 3억과 차순위 4억의 차이는 1억이 발생하게 되는데 차액약정보전금이 50%이므로 NPL 매입가 3억과 경매 차순위(4억) 입찰 가격과의 차이 1억의 50%에 해당하는 5천만 원을 추가로 유동화회사에 지급하여야 한다. 이때 5천만 원이 차액약정보전금이다.

▶ 참고

차액약정보전금의 %가 높을수록 우리는 불리하다.
채권자가 요구할 수도 요구하지 않을 수도 있다는 것을 알아 두자.
먼저 얘기를 꺼내는 실수는 하지 말자는 뜻이다.
이 책을 대부업체에서 보지 않기를 바라며….

채권매입의향서

채권을 매입하고 싶다는 내용을 문서화한 것으로 대부분 개인이나 법인이 유동화회사와 접촉해 협의가 이루어지면 문서로 매입의 세부 내용을 작성하게 되는데 이것이 채권매입의향서이다.

채권매입의향서는 정해진 서식이 있는 것이 아니므로 투자자 간에 필요한 사항을 기재하면 된다.

» 채권매입의향서의 기본적 사항

❶ 경매 사건번호

❷ 매각대상 목적물

❸ 매입희망가격

❹ 매입방법

❺ 대금지급조건

❻ 매입희망자

❼ 매입희망자 연락처

❽ 매입희망자 주소

❾ 기타 첨부 및 특이사항

채권매입 의향서

000 귀중

본인은 아래의 부동산 경매사건과 관련하여 귀사에서 관리, 보유하고 있는 채무자 000에 대한 채권(0000대부업의 보유채권-선순위 근저당권 및 전세권)을 매입하고자 이 의향서를 제출합니다.

- 아 래 -

1. 경매 사건번호 : 수원지방법원 0000타경0000 부동산 임의경매
2. 경매 사건목적물 : 경기도 용인시 0000 000000 00000 00000
3. 매입 희망가격 : 일금000000000000원
4. 매입 방법 : 사후정산 혼합방식
5. 대금지급조건 :
   계약금 0000000000원
   계약체결 희망시기 : 2023년 0 월 0 일

잔 금 : 000000000000원
잔금날짜 : 2023년 00월 00일

매입 희망자 : 자 유 로 (인)
연 락 처 : 010-9875-0000
주 소 : 경기도 용인시 처인구 포곡읍 둔전로 47번길 21 2층 자유로 경매스터디
주민등록번호: 000000-0000000

첨부 : 신분증 사본

확정일자

「주택임대차보호법」 제3조 2항에 의해서 임차인이 확정일자를 받는다는 것은 채권을 확보하는 효과를 얻게 된다.
집이 경매에 넘어갔을 때 확정일자가 있어야 배당에 참여할 수 있다는 것이다.(예외: 소액임차인)

1순위 근저당	1억 5천
2순위 임차인	1억
3순위 근저당	5천

2억 낙찰이라 가정해 보자.

위의 표처럼 1순위 근저당이 있고 2순위로 후순위 임차인이 있다고 가정해 보자. 2억에 낙찰이 되었기 때문에 1순위 근저당은 1억 5천을 전부 받아 가게 될 것이다. 2순위 임차인이 확정일자는 안 받아 놨다면?

확정이 없기에 배당을 못 받고 3순위 근저당이 남은 금액을 배당받게 된다. 확정일자를 받아 놨다면 1순위 근저당이 1억 5천을 배당받고 임차인은 남은 5천만 원이라도 받을 수 있게 된 것이다.

즉, 우선변제권은 확정일자를 얘기하는 것이고 확정일자는 배당을 받을 수 있는 권리를 나타내는 것이다.

확정일자를 받음으로써 경매가 진행됐을 때 내 순위에 따라 우선적으로 변제를 받을 수 있다는 얘기다. 물론 선순위가 되는 것보다는 부족할 수 있지만 소중한 내 보증금을 전부 떼일 수 있는 상황을 조금이나마 모면할 수가 있게 되는 것이다. 전세금이 높지 않다면 후순위여도 순위배당으로 낙찰금액에 따라 보증금을 모두 받을 수 있는 경우도 있다.

확정일자 : 경매 시 돈 받을 순서를 정한다고 표현하겠다.

누가 먼저 줄을 섰느냐에 따라 배당순서가 정해진다. 반대로 확정일자가 없다는 뜻은 돈을 받기 위해 줄을 서지 않았다는 뜻으로 배당에서 제외된다. 줄도 서지 않았는데 법원에서 찾아가서까지 돈을 줄 일은 없으니 말이다.

예외사항으로 소액임차인은 확정일자가 없다 하더라도 배당신청만 있다면 배당된다.

환산보증금

「상가건물 임대차보호법」에서 보증금과 월세 환산액을 합한 금액.

환산보증금

월세 * 100 + 보증금 = 환산보증금

「상가건물 임대차보호법」은 환산보증금을 기준으로 세입자에 대한 보호 범위를 구분한다.

환산보증금 이내 적용

① 대항력 인정

② 계약갱신 요구권

③ 월차임 증감 청구권

④ 권리금 회수보호

⑤ 우선변제권

⑥ 최우선변제권

⑦ 임차권 등기명령

⑧ 묵시적 갱신

⑨ 월차임 인상한도 5%

환산보증금 초과

① 대항력 인정

② 계약갱신 요구권

③ 월차임 증감 청구권

④ 권리금 회수보호

~~⑤ 우선변제권~~

~~⑥ 최우선변제권~~

~~⑦ 임차권 등기명령~~

~~⑧ 묵시적 갱신~~

~~⑨ 월차임 인상한도 5%~~

▶ 환산보증금 최우선변제

영세한 상가 임차인들을 위한, 환산보증금이 일정금액 이하일 때 적용한다. 2015년 5월 13일 이후 최초 체결되는 환산보증금 초과자도 대항력이 인정되어 보증금을 보호받을 수 있으나 우선변제권은 없다. 낙찰자의 입장에서는 2015년 5월 13일 이후에 체결된 환산보증금이 초과된 물건을 낙찰받을 시엔 낙찰금 외로 보증금을 떠안을 수 있으니 주의가 필요할 것이다.

NPL(Non Performing Loan)

많이 들어 봤지만 잘 이해가 안 가는 종목 중 하나로 “경매의 진주 같다.” 라고 필자는 소개하고 싶다.

거두절미하고 본론으로 넘어가 보자. NPL은 부실채권이다. 은행에서 대출을 실행했음에도 그 채무를 변제하지 못하여 생기는 것이 NPL이라 생각하면 쉬울 것이다. 그럼 채무자가 있고 채권자가 있을 것이다. 채권자는 받을 돈이 있음에도 전전긍긍할 것이 자명하다. 이때 채권자는 가지고 있는 채권을 매각할 수 있다. 우리는 그 채권매입을 NPL 매입이라 칭한다.

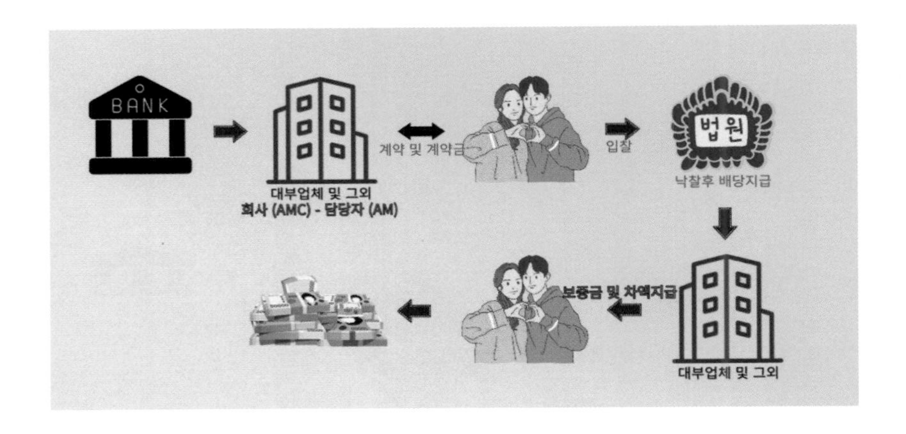

NPL 채권이 1억이라 하고 그 채권을 5천만 원에 사 온다 가정해 보자.

어떤 물건이든 우리는 협상을 통해 싸게 사 올 수 있듯이 NPL 역시 싸게 매입했다고 가정하는 것이다. 실제로는 5천만 원에 사 왔지만 그 값어치는 1억이 될 것이다. 말이 어렵다 느껴진다면 다시 한번 읽어 보길 권장한다.

5천만 원에 매입을 하고 1억짜리 채권을 사 왔다면 경매입찰은 얼마로 하면 되겠는가? 1억으로 입찰할 수 있다. 이 역시 이해가 쉽지 않으리라 생각한다. 그럼 다시, 1억에 입찰하여 낙찰을 받았다 가정해 보자.

잔금 납부까지 1억을 법원에 납입하고 배당기일에 채권자는 법원으로부터 1억을 배당받게 된다. 사전에 채권자와 나는 5천만 원에 계약을 체결했다. 그럼 채권자는 법원으로부터 1억을 배당받고 나에게 나머지 차액 5천만 원을 배당일에 돌려줄 것이다.

결과적으로 나는 1억에 낙찰을 받았음에도 실제로는 5천만 원에 매입한 것이다. 매입한 부동산을 다음 날 8천만 원에 매매를 했다고 다시 가정해 보자. 세금을 내고 싶어 죽겠어도 낼 이유가 없지 않은가. 액면으로 남은 게 없으니…. 하지만 실제로 나는 얼마를 벌었는가?

이 책에는 구체적인 내용보다 포괄적인 내용을 담고 있다.

만약 위의 내용에 대해 소상히 알고 싶다면 기억하고 알아보자. NPL!!! 그리고 부실채권에 대해 충분히 이해하길 권장한다. 또한 위 내용은 NPL의 과정 중 하나를 간단히 설명한 것으로 다양한 방식의 과정이 존재한다.

론세일, 채무인수, 사후정산, 대위변제 등등 그 내용의 과정을 간단하게나마 이 책에서 소개하고자 한다.

» 론세일

금융권의 부실채권 등을 대부업 등의 법인에게 매각하는 방식이며 전액을 변제하여 매입해 오는 방식으로 개인은 매입할 수 없다.

» 채무인수

개인이 접근할 수 있는 가장 실용성 있는 방식으로, 사전 채권자와의 계약을 통해 매입금과 입찰금을 정하고 계약서와 상계처리 신청서를 채권자로부터 부여받아 낙찰 후 상계처리를 통해 소유권을 취득한다. 이후 채권에 대한 처리를 완료하는 방식이다.

» 사후정산

개인이 접근할 수 있는 두 번째 방식으로, 계약을 체결하고 이후 낙찰을 통해 잔금 전액을 법원에 납부한 뒤 배당기일에 채권자로부터 차액에 대한 비용을 돌려받는 방식으로 대부업에서 개인과 채권거래를 할 때 가장 선호하는 방식이다.

» 대위변제

이해관계인으로서의 법정대위변제가 있고 제3자의 임의대위변제가 있다. 채무자의 채무를 대신 갚고 채권에 대한 구상권을 취득한 후 그 채권에 대한 권리를 취득하는 것을 말한다.

법정대위변제는 이해관계인으로서 행사할 수 있고 임의대위변제는 제3자로서 이해관계인의 동의를 얻어 실행할 수 있다.(「민법」 제480조, 제486조)

예를 들어보자

2순위 임차인이 채무자를 대신하여 1순위 근저당을 갚아 버리면 어찌 되겠는가? 후순위로 소멸될 2순위가 선순위로 바뀌고 대신 갚아 준 근저당 금액에 대한 채권은 구상권을 취득하여 근저당 채권에 대한 권리를 취득하게 된다. 이 역시 간단한 내용으로 이해를 바라진 않는다. 관심과 노력만이 이 내용에 관해 선순위 후순위의 금액을 비교하며 대위변제의 가능 여부를 충분히 이해할 수 있으리라 생각한다.

02

자유로 경매스터디 회원들이 초보 경매인에게 보내는 메시지

경매를 처음 시작하는 이에게

★늦지 않았습니다!!★

자유로(한재균)

사기를 당했음에도 법을 몰랐었기에 억울함에 가슴만 치며
정작 법의 힘을 이용하지도 못한 적이 있었습니다.
공소시효 10년을 훌쩍 넘긴 13년 뒤에야 경매를 공부하며
그 모든 것이 무지했던 나 자신의 책임이고 잘못이었음을 알았습니다.

쉽지 않은 경매 과정을 익혀 가며 낙찰받게 된다면 돌아오는 세금에 대해, 수익에 대해 상상해 봤습니다.
당장 시드를 만들기에 쉽지 않다는 결론이 지배적이었습니다.

공부하면서 봐 왔던 NPL을 다른 시각으로 생각하고 바라보며 또 다른 구도와 가능성에 계획을 세우고 무게를 실었습니다.

저만의 방식으로 부실채권 담당자인 AM과 셀 수 없는 통화와 협상으로 계약이 성사되었고 그 계약으로 인해 낙찰에 낙찰을 거듭하는 저의 경매 일기가 비로소 시작되었습니다.

경매를 공부하며 자연스레 알게 된 일부 법 조항들과 부동산 권리분석 등은 우리 삶에서 필수적으로 알아 두어야 할 부분이라 생각합니다.

더 나아가 부동산의 지식을 이용해 경매라는 새로운 도전을 권장합니다.
경매의 시작에 두려움을 느끼고, 작은 나의 모습에 초라함을 느끼더라도 멈추지 말고 배워야 한다고 생각합니다.
그 배움과 앎의 내공으로 작은 것부터 단계적으로 실제 경매의 과정을 겪어 본다면 앞으로의 방향성에 대해 충분한 자신감을 얻을 것이라 확신하며 그때는 더 이상 초보의 위치가 아닐 것입니다.

저 역시도 그리 해 왔고 경매에 NPL을 혼합해 새로운 방식을 구현했으며 패찰했음에도 수익을 보장받는 방식에 이르렀습니다.

이젠 맘만 먹으면 수익이 보장된 경매를 낙찰받을 수 있다는 마음에서인지 경매에 관해 개인적인 자만에 빠져 있습니다.
그 자만은 자신감이고 그 자신감으로 여러 건의 성과를 내고 있습니다.

모두의 노력으로 오프라인 '자유로경매스터디' 멤버 중 80%가 NPL 낙찰, 공투 낙찰, 배당, 개인 낙찰, 패찰의 수익, GPL 수익, 일반 거래 등으로 수익을 확보하고 있습니다.

오늘의 주인공은 아니었어도 내공을 갖추고 실행한다면 내일의 주인공은 바로 당신이 될 것입니다.

경매를 처음 시작하는 이에게

★경제적 자유를 꿈꾸는 이유로★

이유로

부동산 경매는 여러 가지 이유로 당신의 금융 상황을 개선하고 미래를 더욱 밝게 만들 수 있는 기회를 제공합니다. 이 기회를 통해 빠른 현금 흐름부터 빚 해결과 투자 기회까지 다양한 금융 목표를 달성할 수 있습니다.

당신의 재정을 빠르게 안정시키고 현금 흐름을 개선하는 것은 긴급한 재정 문제를 해결하는 첫 번째 단계입니다. 부동산 경매는 이러한 필요에 부응하여 신속한 판매를 통해 빠른 자금 확보를 돕습니다.

또한 경매를 통해 빚을 상환하고 재정적 부담에서 벗어날 수 있는 기회를 얻게 됩니다. 판매 수익을 활용하여 빚을 감소시키면서 새로운 재정 시작점을 설정할 수 있습니다.

더 나아가, 경매는 투자 기회를 제공합니다. 낮은 가격에 부동산을 얻고 시간이 지남에 따라 가치가 상승할 경우, 투자 수익을 올릴 수 있습니다. 이는 장기적인 재테크 전략을 구성하는 데 큰 도움이 될 것입니다.

부동산 경매는 또한 자산 다각화의 중요한 요소로 작용할 수 있습니다. 다양한 자산 유형을 보유함으로써 재산 포트폴리오를 더욱 안정적으로 구성할 수 있습니다.

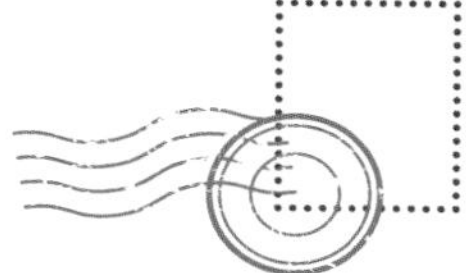

이 모든 것을 통해 당신은 자신감을 회복하고 새로운 시작을 할 수 있습니다. 과거의 어려움을 극복하며 미래를 더욱 밝고 안정적으로 만들어 나갈 수 있는 가능성을 열어 놓을 것입니다.

부동산 경매는 다양한 금융 목표를 달성하고 미래를 밝게 만들 수 있는 효과적인 방법 중 하나입니다. 이 기회를 통해 당신의 재정 상황을 개선하고 미래를 더욱 확고하게 만들어 보세요. 두려움을 떨쳐 내고 새로운 시작을 통해 더 나은 미래를 향해 나아가 보세요.

경매를 처음 시작하는 이에게

★나의 경매 입문기★

천느(천천히 느긋하게)

"아는 것이 힘이다."

지식이 없거나 모르기 때문에 사기를 당하는 경우를 주위에서 여러 번 봐 왔다.

경매는 자신의 재산을 지키기 위해서라도 배워야 하는 한 과목이라는 얘기를 종종 듣곤 했었다. 오래전부터 부동산 경매는 자본주의 사회에서 굉장히 매력적인 투자 수단이란 생각이 들어 꼭 배우고 싶었지만 그 방법을 몰라 쉽게 접근할 수 없었다.

우리 동네는 경기도 남쪽에 위치한 시골이어서인지 아무리 찾아도 배울 곳이 없었다. 마침 지난 10월 한 경매 학원을 알게 되었고 용기를 내어 등록을 하게 된 것이 계기가 되어 지금 함께 스터디를 하고 있는 동기들과 인연을 가지게 되었다. 자유로 님을 중심으로 몇몇 동기와 스터디를 시작하였으며 지금은 네이버 카페(자유로경매스터디), 단톡방 등도 운영 중에 있다.

질문 사항이나 경매에 관한 모든 것을 이곳에서 공유하며 서로 차근차근 경매에 대한 지식을 쌓고 있으며, 최근에는 새로 가입하는 일반 회원님들도 점점 늘어 양적으로나 질적으로 많이 확장되고 있다. 우리 스터디는 NPL과 경매의 결합을 통한 낙찰 및 이윤을 극대화하려고 노력 중이다.

NPL을 처음 접했을 때의 그 느낌은 신기했다고 할까? 자신이 모르는 일들을 접했을 때는 누구나 그러하겠지만 '경매 속에 일반 사람이 모르는 또 다른 방식이 있었구나.' 하는 생각에 정말 새롭게 다가왔다.

NPL을 공부한 이후로 벌써 낙찰받은 분들도 제법 된다.

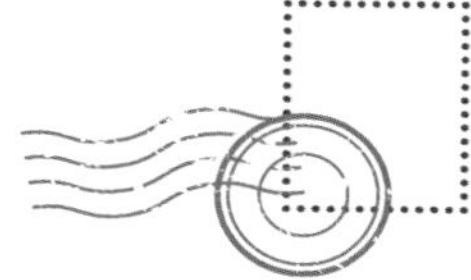

아마 이 책이 출간될 즈음에는 우리 동기들 모두가 낙찰의 주인공이 되어 있지 않을까 생각도 해 본다.

낙찰 후 점유자와의 관계 등 해야 할 일과 어려움이 많겠지만 같이 공부하고 경험을 쌓다 보면 나도 전문가가 될 수 있다는 자신감이 과거에 비해서는 많이 들고 있다.

처음 경매 물건을 골라 배운 대로 근저당이 어디이며 얼마인지, 인수 사항이 있는지 등 이것저것 나름 꼼꼼히 권리 분석을 하여 임장을 나갔는데 부동산 앞에서 망설이다 결국엔 문도 못 열고 돌아섰던 것을 생각하면 지금도 얼굴이 화끈거린다.

그땐 부동산 문 열기가 왜 그리 어렵던지! 그리 멀지 않은 몇 개월 전 일이다.

내가 첫 입찰을 하던 날은 매화꽃, 개나리가 막 피기 시작하는 아직 이른 봄날이었다.

스터디 동료인 자유로 님과 별빛가득 님이 낙찰의 기대를 가득 안고 입찰 법원인 평택지원까지 응원군으로 참석해 주셨다.

결과는 정말 아쉽게 패찰하였지만 두 분 덕분에 떨림보다 든든한 마음이 들었고, 같이 공부하는 스터디 팀들이 너무 고맙고 내가 그 일원이라는 것이 자랑스러웠다.

그날은 잊지 못할 나의 첫 입찰 날로 기억될 것 같다. 경매를 시작하면서 느낀 점이 많다. 그중, 경매에 나온 물건을 낙찰받아 주인을 찾아 주는 사람이 우리 사회에서 꼭 필요하다는 것과 경매 공부는 혼자가 아닌 여러 명이 서로 도움을 줄 수 있어야 오래 그리고 든든히 할 수 있을 것 같다는 생각이다.

이 책이 우리 '자유로경매스터디'를 더욱 발전시키고 처음 경매에 도전하는 분들에게 많은 도움이 되었으면 하는 바람이다.

모두 성공적인 투자하세요!!

경매를 처음 시작하는 이에게

★나의 경매 입문기★

금토

안녕하세요? 저는 '자유로경매스터디' 멤버인 금토라고 합니다.
저는 한 아이를 둔 엄마이자 평범한 여성으로 40대 중반의 나이가 되다 보니 경제적인 자유와 노후 준비를 시작해야 하지 않나 하는 생각을 어느 날부터 조금씩 하게 되었습니다.
그전까지는 젊다는 생각에 노후 대비를 하지 않은 상황이 현실이었고 앞으로 더 나이를 먹었을 때의 노후 대비는 전혀 없었기에 그런 계기로 제가 할 수 있는 재테크를 찾게 되었습니다.
흔히 사람들 입에 오르내리는 주식이라는 것조차 모르던 저였습니다. 주식을 배워 보려고 해도 어렵기도 하고 부동산에 약간의 관심이 있었던 터라 부동산 쪽으로 관심을 갖게 되었는데 그 시기가 부동산의 폭등기로 하루가 다르게 오르는 집값을 바라만 볼 수밖에 없는 상황이었습니다. 벼락 거지라는 신조어가 생길 정도로 집값이 올랐을 때였죠. 레버리지라는 개념조차 없던 저에게 소액으로 할 수 있는 재테크가 있을까 싶을 만큼 재테크 관련 지식도 전혀 없었지요.

그러던 중 어느 날 한 영상 매체에서 보게 된 경매가 뇌리에 박히더군요. 경매는 안 좋은 선입견이 널리 깔려 있기에 '아무나 경매를 하나...? 전문가나 자격증이 있어야 할 수 있는 거 아닌가?' 이런 생각을 하고 있었던 저였었는데 알고 보니 경매는 권리 분석만 할 줄 알면 누구나 할 수 있었습니다.

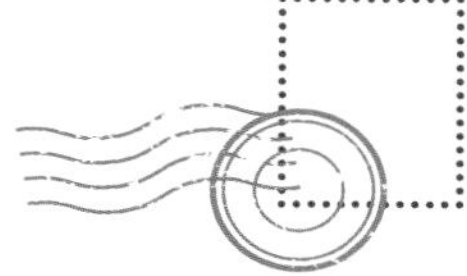

빚이 쌓인 채무자와 돈을 빌려준 채권자 사이의 불편한 관계를 법적으로 깨끗하게 정리해 주는 것이 경매였기에 권리분석상 선순위와 후순위, 소멸 여부, 인수사항만 볼 줄 알면 가능하다는 것이었습니다.

'아! 경매는 이런 과정으로 진행되는구나!'

꼬리에 꼬리는 무는 궁금증으로 무수한 영상을 보고 생각했습니다.

'일반인도 경매로 수익을 낸다고? 어떻게?'

이렇게 하여 경매를 배우게 됐습니다.

경매 학원이 있다는 것도 처음 알게 된 저는 학원을 찾아 등록하였고 몇 개월간의 경매 수강을 했습니다. 배울 때는 당장이라도 내가 하면 낙찰을 받을 것만 같았지만 솔직히 쉽지는 않았습니다. 수십 번을 입찰하여도 낙찰받는다는 것이 어렵다는 것을 경매를 접해 보신 분들은 아실 겁니다. 첫 입문과 다르게 자신감도 잃어 가고 혼자 하려니 경매의 길이 외롭게만 느껴졌습니다....

많은 이가 중도에 포기한다는 혼자만의 길을 걸으며 정말 저도 그만해야 하나 싶었고 기초적인 경매 지식을 습득하였지만 배운 것을 접목해 경매를 할 자신이 솔직히 부족했었습니다. 처음 배우는 경매 관련 용어들이 낯설고 법원에 들어서면 움츠러들기만 하고.... 권리분석이나 입찰지에 숫자 하나만 잘못 써도 번복할 수 없어 입찰금을 몰수당하거나 낙찰을 받아도 권리분석을 잘못해 인수사항이 생길까 무섭기도 했었습니다.... 이럴 때 비슷한 상황의 다른 분들과 함께 모여 지금의 '자유로경매스터디'를 하게 되었습니다.

경매를 처음 시작하는 이에게

그동안 배웠던 권리분석부터 고수들만 한다는 어려운 권리관계의 권리분석이며 배우지 않았던 부실채권을 일컫는 NPL도 공부하게 되었습니다. NPL에 대한 것을 많이 배우게 됐는데 경매+NPL이 저희 스터디의 최종 목적지가 아니었나 싶습니다.
두 가지를 동시에 하여 얻을 수 있는 수익이 배가 되는!
경매 낙찰과 더불어 NPL 협상을 통해 낙찰을 받고 있는 저희 스터디에는 든든한 지원군이 되어 줄 멤버들이 있습니다. 멤버들은 중도에 그만두는 대부분의 사람과 달리 저를 버티게 해 주는 버팀목과 같은 존재입니다.
스터디 멤버의 입찰 물건도 권리분석부터 시세 조사, 임장 법원 동행, 명도까지 함께 해 주는 멤버들이 있어 너무나도 든든하고, 감사합니다.
NPL의 접근과 협상 노하우를 그대로 공유해 주신 자유로 님, 그리고 각자의 경험담 지식을 공유해 주시는 멤버들, 지누셔 님, 조은세상 님, 이글K 님, 슈퍼초이 님, 천느님 덕분에 많은 발전을 할 수 있었고 뜻이 맞는 분들과 함께할 수 있다는 것이 제게는 큰 행운이었다고 생각합니다.

자유로경매스터디 포에버~
경매를 처음 시작하는 이에게

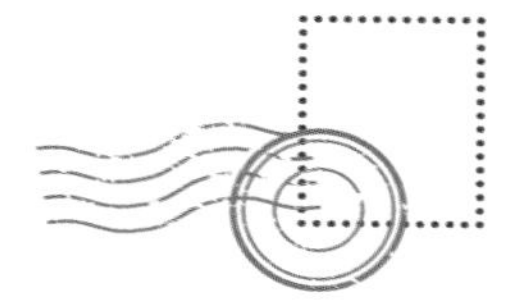

경매

경매를 처음 시작하는 이에게

★두 번째 인생을 시작하면서★

슈퍼초이

16년 다닌 회사를 그만두고 인생 2막을 위해 경매를 접하였다.
이때까지만 해도 경매는 싸게 살 수 있다고 생각했다.
하지만 오산이다. 다시 말해 싸게 살 수도 있다가 맞다.
내가 봐서 좋은 건 남들이 봐도 좋기 때문에 싸게 살 수가 없다.

그러나 방법은 있었다.
첫째, 남들이 관심 없는 물건이나 해결하기 어려운 물건을 하면 된다.
둘째, NPL을 접목하면 된다.
첫 번째 방법은 물건을 최대한 많이 보고 옥석을 찾아서 꾸준히 입찰하고 패찰하고 임장을 하다 보면 낙찰이 될 수도 있다.
두 번째는 NPL이라는 부실채권을 이용하여 한 번에 최고가 매수신고인이 될 수가 있다. 하지만 이 방식 또한 꾸준한 업체 콘택트와 협상이 관건이다. 그걸 우리가 하고 있다. 불가능을 가능하게 하고 안전 마진, 확정 수익을 가져갈 수 있다. 경매라는 무기 하나에서 NPL이라는 무기를 한 개 더 장착한 셈이다.

앞으로 이 두 가지 무기로 평생 직업을 가지게 되었다.

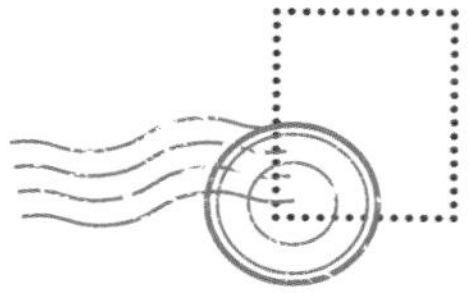

경매는 살아가면서 무조건 했으면 한다. 세상 흐름을 알 수 있고 동시에 안정적인 수익이 따라온다. 혹자는 경매가 세입자를 쫓아낸다느니 나쁜 짓이라느니 안 좋게 말하는데 실제로는 임대인의 파산으로 인한 임차자의 피해를 최소한으로 줄여 주는 역할을 하는 것이 경매다.

경제적 자유를 조금이라도 앞당기고 싶다면 평생 직업을 하루빨리 선택하길 바란다.

경매를 처음 시작하는 이에게

★경매人, 경매者, 경매님★

조은세상

본인은 건설 분야에서 오랫동안 근무하면서 크고 작은 개발 계획에 관여도 하고 다른 이가 하는 것을 주변에서 지켜보기도 했다. 아무것도 없는 허허벌판이 상전벽해와 같이 바뀌는 것을 보면서 늘 뿌듯한 마음(?)만 가지고 살았었다.

그러다 한번은 아래 직원이 경매를 한다는 이야기를 듣고는 주제넘게 인생 강의를 한 적이 있다(물론 경매의 부정적 이야기만 한 것 같다).

지금 생각하면 부끄럽고 미안하지만 그땐 나이가 들면 나의 모든 것은 내가 원하는 방향으로 흘러갈 것이라는 믿음이 있었다. 국가와 건실한 직장이 나를 지켜 줄 것이라 굳게 믿었었다.

그러다 시간이 흘러 그 직장을 떠날 즈음에 경매를 시작해서 이 책, 저 책을 보면서 과거 나의 생각에 많은 문제점이 있었다는 것을 느꼈다. 인생이란 누가 지켜 주는 것이 아니라 내가 지켜야 한다는 것을 경매를 시작하고 나서야 조금씩, 더 강력하게 깨닫기 시작했다. 그때 허름한 소줏집에서 나의 어설픈 인생 강의를 듣던 그 친구는 지금 무엇을 하고 있을까? 우리 경매인들이 노래처럼 부르짖는 경제적 자유를 누리고 있을까?

얼마 전 인천을 비롯한 우리나라 여러 곳에서 전세 사기니, 빌라왕이니 하는 사건으로 뉴스 시간의 절반을 채우던 때가 있었다. 물론 지금도 계속 진행 중인 우리 사회의 한 단면이면서도 안타까운 일이 아닐 수 없다. 그분들이 계약을 하기 전에 이런저런 기본적인 계약 원칙만 알았더라도, 아니면 등기부등본만 볼 수 있었더라도 상당수는

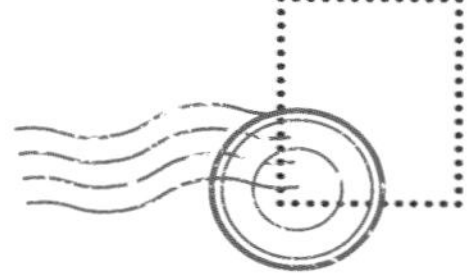

예방 또는 차단할 수 있었을 거라는 생각을 하면 결국 우리의 경제적 자유와 안정은 우리 자신 스스로가 지켜야 함을 다시 한번 깨닫게 된다.

집값이 단기간에 급등락을 하는 작금에 와서 전국의 경매 학원은 경매를 배우려는 이들로 빈자리가 없을 정도라고 한다. 선뜻 학원을 끊기가 겁이 날 정도의 학원비지만 한 번만 성공하면 학원 등록비 몇 배를 뽑을 수 있다는 정체 미상의 자기 최면을 걸어가면서 학원에 등록한다. 학원을 다니다 보면 마치 종교 시설에 와 있는 듯한 느낌을 받곤 한다. 강의실 앞에 쌓인 낙찰 떡이니 명도 성공 한턱을 보면서 곧 일어날 나의 미래를 미리 보는 듯한 착각에 빠지기도 한다. 말소기준권리니 물권이니 채권이니 처음 들어 보는 생소한 단어들이 이제는 내게 큰 경제적 안정을 가져다줄 마중물 같다는 생각이 들어 친해지려 스스로 최면을 걸어 댄다.
학원에서의 트레이닝(?)이 끝나면 우리가 가야 할 곳은 이제 전쟁터이다.
사실 전에는 무슨 잘못을 하거나 피해를 당해야만 가는 곳이 법원이라고 생각했다. 지금이야 크고 작은 송사가 워낙 많기는 하지만 그래도 법원에서 등기가 온다거나 편지가 오면 기분이 좋지는 않다. 그런데 이제는 나의 새로운 인생을 열어 줄 장소가 아이러니하게도 법원 한쪽에 자리하고 있는 경매법정이다.

법원은 내가 생각하던 것보다 훨씬 규모가 작았지만 많은 사람으로 빈자리가 없을 정도였다. TV나 영화에서 보는 법원의 근엄함이나 딱딱함은 없고 휴가철 강원도의 새벽 어시장 같은 느낌이 들었다. 서류를 받아 들고 내가 참여하는 물건에 관한 서류를 작성하다 보면 나도 모르게 손을 떨고 있음을 느낀다. 왜 떨지? 조금 뒤 작성한 봉투를 봉하기 전에 제대로 했는지, 도장은 찍었는지, 이름은 썼는지 다시 확인한 후 앞으

경매를 처음 시작하는 이에게

로 나가 입찰함에 봉투를 투척한다. 그리고 기다린다. 얼마를 기다렸을까. 입장하라는 장내 방송과 함께 개찰이 시작되고 잠시나마 '내가 낙찰되면 어떻게 하지.'라는 설렘을 가져 본다.

내 물건 번호가 소개되고 참여자별로 입찰 가격을 부르게 되면(○○지방법원은 해당 물건별 입찰자를 모두 호명하고 입찰가를 알려 준다. 반면 대부분의 타 법원은 상위 2~3명만 호명한다.) 나의 한계를 확실히 실감하는 시간이다.

내가 입찰하는 물건에는 왜 그리 많은 사람이 입찰하는지.... 또 낙찰 가격과 나의 입찰 가격은 왜 이리도 차이가 많이 나는지.... 학원에서 분명히 가르쳐 준 대로 했는데 왜지? 내가 물건을 너무 잘 고르고, 낙찰받은 사람들이 시세 조사를 제대로 하지 않아 시세보다 높은 가격을 입찰 가격으로 썼다고 치부해 보지만 영 찜찜한 것은 무슨 이유일까?

이렇게 첫 입찰을 마치고 나서 다음엔 잘해 볼 거라 생각하고 임장도 더 열심히 다니고 분석도 더 열심히 해 보지만 입찰과 낙찰의 가격 차이는 더 벌어지고, 내 물건에만 몰려드는 입찰자는 왜인지 이해가 되지 않는다.그러다 입찰자가 적은 특수물건(지분경매, 유치권 물건 등)을 알게 되고 다른 사람들과 다른 길을 가야만 한다는 것을 이해했지만 지식이 미천하다 보니 스스로 포기하게 된다.

경매, 참 어렵다.

학원에서 경매 정규 과정이 끝나 갈 즈음 한 통의 전화를 받았다.

학원을 같이 다니던 분이었는데 같이 스터디 그룹을 해 보지 않겠냐는 제안이었다.

그전에 학원을 다니면서도 작은 소모임을 만들어 운영해 본 경험이 있었던 터라 개인적으론 부정적인 생각이 앞섰다.

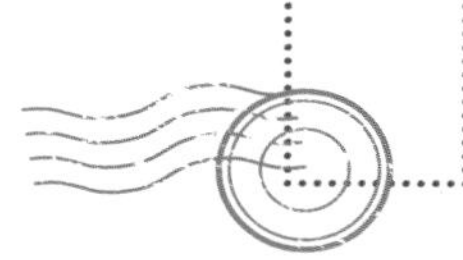

모두 고만고만한 실력이 있는 사람들이 모여 시작한 스터디 그룹은 결국 흐지부지되고 말았다. 어떤 문제가 생겼을 때 그것에 대한 명확한 결론이 없이 추정만으로 끝나다 보니 모두 모임에 대한 불신이 쌓인 결과라 생각된다. 이번 모임도 같은 경우일 거라 생각했지만 일단 참여해 보기로 하고 모임에 참석했다.

모임 첫날 NPL과 경매의 연관성 등에 대해서 모임의 리더인 자유로 님이 발표를 하고 서로의 의견을 보태는 식으로 강의가 진행되었으며 학원처럼 강사의 일방적 전달이 아니라 서로 묻고 답하면서 해답을 찾아가는 새로운 방식으로 수업이 진행되었다. 사실 개인적으로 NPL을 잘 알지도 못했지만 NPL로는 좋은 물건, 즉 환금성이 뛰어난 아파트와 같은 물건들은 어렵다는 선입견이 있는 나로서는 파격적인 스터디가 아닐 수 없었다(본인은 최근 NPL로 아파트를 경매 낙찰받았다).

'자유로경매스터디' 수업은 경매에 필요한 교육(예: 물권, 채권 등)을 간단히 진행한 뒤 개인적으로 스터디를 하다 이해가 안 되는 부분을 발표하고, 그것에 대해 아는 사람이 답하는 시간을 가진 뒤 현재 보고 있는 경매 물건을 화면에 띄운 뒤 서로의 의견을 제시하는 방식으로 이루어진다. 그리고 해당 물건이 NPL 가능 물건이면 그 자리에서 해당 대부업체에 전화를 걸어 협상을 시도하므로 모든 이가 협상을 비롯한 대화 테크닉도 배울 수 있도록 하고 있다.

현재 월요반, 목요반 토요반이 운영 중이며 월요반은 얼마 전 공동투자를 통해 아파트를 경매로 받아 초보자들이 경매의 시작부터 마무리까지 배우는 좋은 기회로 활용하고 있다. 목요반은 경매의 내공이 어느 정도 있는 반으로 실전반의 성격을 띠고 있어 물건의 분석과 NPL을 접목하는 작업을 주로 하고, 실질 입찰을 목적으로 하고 있다. 지난 몇 주 동안 동시에 5~6건을 낙찰받아 지금은 명도 등에 전념하고 있다.

경매를 처음 시작하는 이에게

언제나 우리 스터디를 묵묵히 리딩하고 있는 자유로 님,
언제나 조용히 모임을 뒷바라지하면서 늘 맛나는 간식거리를 준비해 주는 천느 님과 금토 님,
목요반의 분위기 메이커이면서 유치권 등 특수물권에도 과감히 도전하여 유치권 물건을 낙찰받은 지누셔 님,
명확한 물건 입찰가 분석을 통한 시세 분석 전문가이며 최근 수원 다가구를 낙찰받은 이글K 님,
세무뿐만 아니라 자동차 경매 등 늘 새로움에 도전하는 만물박사 슈퍼초이 님,
이분들과 함께하는 목요반은 늘 즐겁고 기대되는 모임으로 오늘보다 내일이 더 기대되는 조합이다.
토요반은 평일 모임에 참여할 수 없는 분들로 구성된 반으로 잠재력과 추진력이 넘치는 분들로 구성되어 있어 늘 수업 시간을 넘기면서까지 열띤 토론을 하는 반으로 유명하다.

많은 경린이가 부푼 꿈을 가지고 경매를 시작한다.
어떤 이는 대박을 꿈꾸고, 어떤 이는 노후의 경제적 자유라는 장기적이 꿈을 이루기 위해 경매를 시작한다.
그러나 최근 들어 경매가 대중화되면서 아파트와 같은 집합건물로서 원하는 이익을 남기는 것조차 쉬운 일이 아니다.
유튜브나 책에서 보듯 몇백 프로의 이윤을 남기는 물건을 찾기가 경린이들에게는 쉬운 일이 아니지만 우리는 과거 미국의 개척 시대에 금광을 찾아 서부로 떠나는 모험가들처럼 경매라는 모험을 하고 있다.

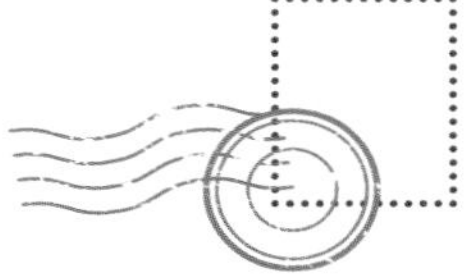

이런 모험을 함께하고 서로 위로해 줄 수 있는 동료들이 있음에 감사하면서 이들에게 조금이나마 도움이 될 수 있는 경매님이 되어야겠다는 생각을 다시 해 본다.

자유로경매스터디 파이팅!

경매를 처음 시작하는 이에게

★새로운 시작★

별빛가득

누구나 그렇듯이 경제적 자유를 얻고 싶었습니다.

코로나19 팬데믹으로 의류 사업 14년 사업장을 접고 2년 남짓~ 그냥 하루하루를 무의미하게 보내고 있었습니다.
우연히 경매 유튜브 영상을 접하게 되었고 망설임 없이 바로 학원으로 달려갔습니다.

그러나 생각보다 너무 어려운 경매 용어와 수익률 계산법 등등.... 알아야 할 것이 많았습니다.
접근성이 만만치가 않았죠.
이대로 포기해야 하나.... 답을 찾을 수 없었어요.

우연히 초대를 받게 된 자유로경매스터디.
큰 기대 없이 참여했었는데 기대 이상이었습니다.

자유로경매스터디를 함께하면서 같은 뜻으로 모인 동기들과 한층 더 깊이 있고 세부적인 공부를 하면서 NPL을 알게 됐고 실전적인 내용과 실사례를 통해 나도 할 수 있겠다는 자신감이 생겼습니다.

그리고 경매를 시작한 지 5개월 만에 첫 아파트 낙찰~!!!

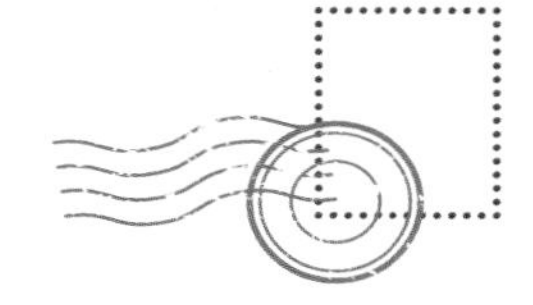

2주 후에 상가 공투 낙찰~

1달 후에 아파트 공투 낙찰까지~~~!!!!!

혼자였음 이렇게 빠른 시일 내에 낙찰을 받을 수 없었을 거예요.

함께 스터디를 하신 분들이 계셔서 명도, 전자소송, 인테리어 등등 어려움 없이 진행할 수가 있었어요~^^

같은 꿈을 갖고 함께하는 자유로경매스터디 동기들이 있었기에 너무나도 든든하고 큰 힘이 되었습니다.

그리고, 낙찰을 받고 난 후 느끼는 점이 참 많았어요.

'남은 다 낙찰받고 수익을 내고 있는데.... 나는 왜 아직도 제자리걸음일까? 아직 모르는 게 많아서일까? 내가 다 알고 나서 시작해야 하나?'

성공은 결심에 달려 있는 것이 아니라 실행에 있음을 느꼈습니다.

움직이지 않으면 아무것도 일어나지 않습니다.

경매를 처음 시작하는 이에게

★내 꿈은 돈 많은 백수★

도로시봄

직업 특성상 부를 축적한 분들을 가까이서 많이 보는데 항상 그분들의 인생사가 너무 궁금했습니다.
MBTI가 ENFP라 그런가요?!^^;;

궁금한 걸 참지 못하는 성격 탓에 이런저런 대화를 하다 보니 그분들의 공통점이 부를 축적하는 과정에서 '부동산 투자'가 빠지지 않는다는 걸 알고는 벤치마킹을 해 보고 싶어 일단 관련 도서도 찾아보고 영상 매체들도 다방면으로 찾아보았습니다.

부동산을 구매하는 방법 중 일반 매매와 경매 사이를 경험해 보며 경매의 매력에 푹 빠지게 되었습니다.
저의 경매 첫걸음은 이렇게 시작되었습니다.
한창 경매에 대한 궁금증이 폭발할 시기에 시기적절하게 '자유로경매스터디' 모임에 들어가게 되었고 지금까지 내가 알고 있는 경매 관련 일반 지식과 더불어 NPL을 접하게 되었습니다.

덕분에 기초를 더욱더 탄탄하게 다질 수 있게 되었고 배우면 배울수록 무릎을 탁!! 칠 수 있는 깊은 내공이 생겼습니다.

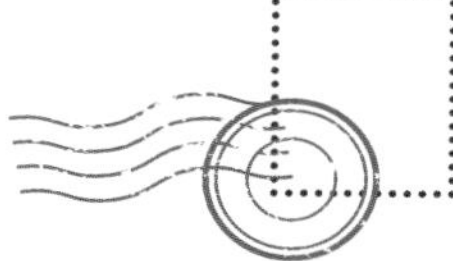

생필품을 사더라도 얼마라도 싸게 사는 걸 좋아하고 이것저것 따지며 샀던 저였는데....

부동산에서 이렇게 경쟁력 있게 접할 수 있는 건 NPL 접목 구매밖에 없다는 확신이 들었습니다.

마음 같아서는 이런 좋은 건 저만 알고 싶지만.... ㅎㅎ

지금 이 글을 읽고 있는 당신이 저의 길을 순탄하게 밟아 가며 배움의 기쁨을 오롯이 느끼고 경제적 자유를 하루라도 더 빨리 이뤘으면 하는 바람입니다.

03

초보 경매인에게 전하는 경매 낙찰 경험담

초보 경매인에게 전하는 경매 낙찰 경험담

★토지 NPL 낙찰★

이유로

한참 전 자유로 님과 함께 공투한 NPL 낙찰 이야기입니다.

지금은 한 달에 3~4건의 계약과 낙찰을 받고 있지만 소중했던 우리의 첫 NPL 낙찰을 회상해 봅니다.

2017년 8월 10일 용인 토지 NPL 경매.

"자유로 형님! 이번에는 땅을 사서 집을 지을까요?

집도 짓고 1층에서 카페도 하고….”

막무가내로 경매 사이트를 몇 날 며칠 검색해 봤습니다!

그러다 우연히 우리가 제일 잘 아는 우리 동네 경매 물건을 발견!!

자유로 님에게 바로 전화를 걸어 일을 추진했습니다.

경매 날짜에 맞춰 경쟁입찰 후 낙찰만 받으면 되는지 알았지만 우연히 은행권에 있는 아는 지인을 통해 NPL이라는 걸 알게 됐습니다.

그리고 늘 그렇게 해 왔듯이 바로 실천으로 옮겼습니다.

근저당권자와 접촉을 시도했습니다.

하나은행은 부실채권을 대부업체에 넘기게 되었고 그 대부업체(우드)와 연락이 닿아 밀당을 시작했습니다.
우리 쪽 제시 금액은 3.85억, 대부업체는 4.05억. 대화가 안 통했어요.
짜증도 났고, 지치기도 했고….
밀당에 밀당을 거듭하다 확~ 질렀습니다.
3.85억에 계약하고자 하면 오후 5시까지 전화를 주고 아니면 안 하겠다고 최후 통첩을 했습니다.

결국 5시 30분쯤 3.85억에 계약하자고 연락을 받았죠.
약속한 날짜에 만나 계약을 하고 입찰금은 420,600,000원에 합의했고 와이프 이름으로 낙찰을 받았습니다.
약속한 배당 익일, 정확히 차액인 35,600,000원 Pay Back!!
기업은행에서 80% 대출을 받고 순조롭게 마무리했습니다.

성공적으로 일을 마무리하며 함께 얘기합니다.
"이게 된다고?"
역시 "아무것도 안 하면 아무 일도 일어나지 않는다."라는 얘기처럼 무엇인가 하면 노력한 만큼의 성과를 만들어 낼 수 있음을 다시 한번 느끼며 앞으로도 다른 도전으로 계속 기대해 봅니다.

초보 경매인에게 전하는 경매 낙찰 경험담

★첫 낙찰 받던 날★

이글K

학교 졸업과 취업, 사막에서의 적자생존을 위한 치열한 경쟁이 경제적 독립을 이뤄 주기는 했지만, 그런대로 환경 적응을 할 수 있는 체질이었는지, 그런 세계는 고달픔도 있었지만 달콤했으며 길지 않아 정년을 맞이하여 퇴직을 하게 되었다.

은퇴 후 직장 동료와 저녁 미팅, 등산, 여행을 즐기고, 개인 운동으로 시간을 보내는 중에 한편으로는 허전함을 느끼게 되었다.

회사라는 조직 내에서의 경제적 독립이 아니라 내 스스로의 경제적 자립을 해야겠다는 생각을 실현해 보고 싶었다. 물론, 회사에 다닐 때는 2가지를 동시에 할 시간과 용기가 없었지만 은퇴를 한 지금은 결단의 문제지 걸림돌이 없었다.

책꽂이에 꽂혀 있는 과거(18년 전)에 읽었던 부동산 경매 책이 눈에 들어왔지만, 당시 책 내용이 법적인 내용으로 너무 어려워서 읽었던 기억이 가물가물한데, 제대로 배워 보고 싶어서 용인, 분당 지역에 있는 경매 학원을 알아보게 되었다. 그러던 중 시대의 변화에 맞게 유튜브 강의를 접하게 되었는데, 이해하기 쉽게 유튜브 강의를 해 주어서 오프라인 강의를 신청하여 경매의 길로 한 걸음 나아가게 되었으며, 경투반, 실전반, 경매심화반까지 마치고 동기 7명과 부동산 경매 공부를 하고 권리분석과 임장, 입찰 등 리스크를 줄이기 위하여 스터디를 함께하기로 의기투합하게 되었다.

자유로경매스터디에서 서로 모르는 것을 함께 공부하면서 문제를 해결하는 과정을 반복하고 또 반복하고 무한 반복을 해 오고 있다. 그런데도 입찰을 해서 수없이 패찰을 경험하고 있었다.

부동산 타깃을 어느 지역으로 할 것인지, 제주도, 부산광역시, 전주시, 천안시, 경기도 남부와 북부 지역을 실제 임장을 하면서 경매 초보자인 나는 내가 관리할 수 있는 거주지 인근이 최적지라고 판단을 하게 되었다. 어떤 부동산으로 할 것인지, 아파트, 빌라, 오피스텔, 다세대, 다가구, 토지 중에서 단타, 임대수익, 장기투자 등에서 내가 목표하는 투자 방법은 무엇이며, 감당할 수 있는 투자 규모는 어느 정도인지를 다시 생각하게 되었다.

목표를 명확하게 하기 위해 은퇴 후의 현금 흐름을 정리하고 보니 임대수익형 부동산을 타깃으로 경매를 해야겠다고 판단을 하게 되었다. 따라서, 자금 조달 계획을 정리하게 되었으며 분산되어 있는 자금들을 경매용 계좌로 모으게 되면서 적당한 물건을 찾기 시작하게 되었다.

대상 물건이 정해지고 나서는 권리분석을 통한 대항력 있는 임차인 여부를 파악하고 인수되는 권리 유무 관계 등 권리분석을 진행하였으며, 소재지 행정복지센터에 방문하여 전입세대확인서(동거인 포함)를 열람하여 세입자 현황을 파악하였으며, 현장 임장을 하면서 그 물건의 상태와 부동산 시세, 그리고 세입자 현황을 파악하게 되었다. 세입자는 총 5명인데, 문제는 세입자 중에 전입과 확정이 없는 세입자 1명과 권리신고를 하지 않은 세입자가 2명 있으며, 1명만 권리신고를 한 상태이고, 임차권 설정이 된 퇴거인 1명이 있다. 실거주를 하는 세입자는 3명이며, 1층 101호와 반지하 B01호는 공실로 확인되었다. 공실 여부는 도시가스 회사와 한국전력회사를 통한 체납 공과금 확인 과정에서 알 수 있었다.
주변 부동산들을 찾아가서 지역 시세를 조사하고 세입자 연령대와 소득 수준 등을 파악할 수 있었다.

초보 경매인에게 전하는 경매 낙찰 경험담

현장 임장을 하기 이전에 사이버 임장을 통하여 2015년부터 2023년 4월까지 실거래 가격 조사 후 토지와 건물에 대한 평당 가격 분석을 하고, 동일 평형별로 가격대를 압축해 갔으며, 해당 물건과 유사한 입지의 이면도로변 물건에 대한 실거래 가격 분석을 통하여 입찰가를 추정해 나갔다.
해당 주택 소재지의 관할구청 취득세 담당자와 상담을 통하여 취득세를 얼마를 납부해야 하는지 확인하여 비용에 반영하였으며, 자유로 님의 소개로 대출 담당자에게 해당 물건에 대해 대출이 얼마까지 실행이 되는지 입찰일 전에 확인을 받아 입찰을 하였으며, 입찰 하루 전날에는 대상 물건에 대한 경매 입찰의 경쟁률 파악 및 입찰가를 재확인하기 위하여 재차 임장을 하였다.

최종적으로 입찰가를 산출하기 위하여 올해와 1~2년 전 거래된 인근 지역의 실거래 가격을 추가로 분석하고 자금 조달 계획과 취득세, 등록세, 수리비 등 제반 비용을 감안, 목표한 순이익률을 고려하여 입찰가를 산출하였다.
입찰 당일 해당 물건에 14명이 입찰 참여를 했는데 예상외로 입찰일 당일 동행해 준 스터디 멤버들의 응원으로 최고가 매수인이 되었으며 법원에 부동산 매각 보증금 영수증을 받고 함께 점심 식사를 하고 헤어졌다. 나는 낙찰받은 물건지로 가서 호실별로 전화번호를 남겨 놓고 귀가하였다.
입찰 익일, 법원 내 신한은행 창구에서 500원 인지를 구입하여 2층 경매계 창구에서 사건 기록 열람을 신청하고, 경매2계에 접수하여 세입자 연락처, 소재지를 파악하려고 하였으나 권리신고를 하지 않은 분들은 연락처를 확인할 수 없었다. 담당 행정관께서는 현장 조사 시 권리신고를 하도록 권고를 했다. 미신고자는 낙찰자가 염려할 필요가 없다고는 했지만 명도가 순탄하지 않을 것을 예감할 수가 있었다.

낙찰 익일부터 3일 동안은 세입자분들과 통화를 하여 세입자분들에게 매각허가 결정이 나오고 잔금을 완납하면 주인이 바뀌게 되므로 세입자분들은 이사를 가야 하니 미리미리 준비하시고, 공과금 미납된 것이 있으면 사전에 납부해야 한다고 요구 사항을 전달해 놓았다. 그런데, 잔금 납부 완료 후 연락하자며 반응이 미온적이었다. 권리신고가 된 세입자는 이사할 계획이지만 아직은 돈이 없다. 고령자 한 분은 아들과 연락이 되었는데 어머니가 권리신고를 하지 않아 보증금을 보전받지 못하게 되어 난감하다고 하며, 다른 한 분은 전입일자가 없고, 확정일자 없이 배당신청을 한 중국인은 보증금을 돌려받지 못하고 어딜 가느냐며 대책이 전혀 없어 보였다.

매각허가 결정일(2023년 7월 4일) 이후 2차로 세입자분들에게 전화를 해서 매각허가 결정이 났으므로 지금부터는 이사 갈 준비들을 미리 해서 서로 불편하지 않게 해 주시라고 재차 의견을 전달하였으며, 대금 납부일(2023년 7월 21일) 3차로 세입자분들에게 자유로 대리인을 통해서 전화를 하여 의뢰인의 요구사항을 전달하였다. 기존 소유자가 받게 될 배당금을 대상으로 보증금을 받지 못하는 세입자분들이 직접 법무사를 선임하여 압류를 진행하도록 배당기일(2023년 8월 22일) 이전에 빨리 진행해야 한다고 방법을 안내해 주었다.
나는 잔금 납부를 하면서 법무사를 통하여 인도명령도 동시에 진행하게 했으며, 법무사로부터 매각대금완납증명원, 법원보관금영수증서(납부자용), 취득세납부영수증(납세자보관용), 동수원등기소 소유권이전 접수증을 수령하게 되었다.
내용증명 송달 후 세입자분들과 날짜와 시간, 장소를 서로 협의하여 명도 협상을 하기로 하였다.

무덥고 후텁지근한 날씨임에도 대리인 자유로 님, 천느 님이 동행하여 명도 협상은 계획대로 진행할 수 있었다. 중요한 것은 대리인 자유로 님의 유창한 설득력이 빛을 발하는 아주 좋은 기회였다. 미배당 세입자분들을 위하여 채무자가 받아 갈 배당금을 세입자분들이 발 빠르게 법무사를 선임하여 본안소송을 통하여 가압류를 진행하면 보증금을 변제받을 방법이 있을 수 있으니 지체하지 말고 바로 진행하되 ○○지방법원 앞에 있는 법무사를 찾아가서 소송 의뢰 진행 팁을 이해하기 쉽게 설명했으며, 더불어 현재 점유하는 부동산은 소유권이 낙찰자에게 넘어간 상태이므로 3주 후에는 명도해 줄 것을 요청했다. 점유한 부동산 명도일을 내용증명 우편에 명기한 날짜로 재차 요청을 했으며 세입자분들도 수긍을 하기는 하였으며, 전기료, 수도요금, 도시가스요금 등 공과금 체납이 없게 사전에 납부할 것을 요청하였다. 참고로, 배당기일 7일 전이므로 조금은 여유를 갖고 미리 명도해 줄 것을 요청해 놓은 상태였다.

명도 협상 중에 전입, 확정이 없는데 배당신청을 한 70대 초반의 외국인 부부는 모두 암 수술한 환자이고 정기적으로 병원 진료를 받고 있었는데 전입신고와 확정일자 개념을 모르고 있다가 보증금 전액을 날리게 된 상황이며, 전입만 있고 확정 및 배당신청을 하지 않는 한 노모께서는 배당신청을 했으면 최우선변제를 받을 수 있음에도 부동산 경매가 뭔지도 모르고 있다가 배당신청을 하지 않아 배당을 못 받게 되었는데도 집주인에게 돈까지 빌려주고 떼이게 되어 안타까웠다. 배당을 받을 수 있는 분은 이사비를 거론하였으나 낙찰자로부터 명도확인서와 인감증명서를 받아서 법원에 제출하면 배당금을 전액 받을 수 있으므로 이사비를 줄 수 없다고 단호하게 거절했으며, 명도 시 이삿짐을 빼고 열쇠를 낙찰자에게 넘겨줘야 명도확인서를 드릴 수 있다고 부연 설명을 하고 협상을 마쳤다.

법이 허락하는 범위에서 단계적으로 접근을 하면서 명도 후 수리 및 리모델링, 옵션 세팅에 대해 연구 중이며, 새 단장 후 전세, 월세 세팅에 대하여 주변 시세를 다시 면밀하게 조사, 분석하여 임대 수익형 부동산으로 안정화시킬 계획이다.

자유로

경매 스터디

초보 경매인에게 전하는 경매 낙찰 경험담

★NPL로 아파트 낙찰받고 명도하기★

조은세상

경매에서 낙찰을 받기는 참 쉽다(?)
그냥 입찰가에 '0' 하나 더 쓰면 된다. 그런데 실제로 낙찰을 받기는 정말 어렵다. 진짜 '0' 하나 더 쓰고 싶은 마음이 굴뚝같지만 오늘도 참고 돌아서는 씁쓸함은 이루 말할 수 없다. 이런 패찰이 이어지다 보면 특수 물건이나 내가 잘 모르는 분야에 기웃거리게 된다.

내가 NPL(Non Performing Loan)에 관해서 본격적으로 보고, 듣기 시작한 것은 지금의 '자유로경매스터디'에서 모임을 하면서부터였다. 내가 경매를 배우기 위해 다녔던 경매 학원에서는 NPL은 거의 금기어 중 하나였다.
그러다 보니 실제로 NPL을 접할 기회도 없었고 책을 사서 읽어 봐도 무슨 소리인지 이해가 되지 않았다.
특히나 NPL은 "아파트 같은 환금성 있는 물건이나 개인이 접근하기 어렵다." 또는 "과정이 복잡하다." 등 이런저런 이유로 자금력이 있는 법인이나 전문가만이 접근할 수 있는 영역쯤으로 인식하고 있었다. 그러다 지금의 '자유로경매스터디'에 참여하면서 자연스럽게 NPL에 접근하게 되었다.
특히 스터디 중 NPL이 가능한 물건에 대해서는 직접 전화를 걸어 상담을 하는 교육 과정을 통해 NPL 절차, 대부업체와의 대화 스킬, 대부업체에서 요구하는 사항 등을 자연스럽게 접할 수 있었다.
그러던 중 나에게도 기회가 왔다.

"따르릉!" 자유로 님이었다.
이런저런 이야기를 하다 대뜸 사건 번호를 하나 보낼 테니 기준가와 입찰가를 확인해 보라 한다.
천안에 있는 물건이고 당시 2번 유찰되어 기준가 대비 많은 낙폭을 보이고 있었다. 개인적으로 분석해 보니 아파트가 대단지고 주변에 학교 등이 위치하고 있어 입지적으로 나쁘지 않았다. 한~두 시간 뒤에 자유로 님에게 다시 전화를 해서 분석한 기준가와 입찰가를 말했더니 이 물건 NPL로 추진해 보겠느냐고 제안하였다.
개인적으로 아파트 경매 물건은 가격이 저렴하든지 입지가 뛰어나든지 이 두 가지 중 하나에만 해당되면 충분히 입찰에 참여하여도 된다는 기준을 가지고 있었던 터라 입찰에 참여하여도 괜찮은 물건이라는 생각이 들었다. 게다가 NPL이 아닌가? 마다할 이유가 없었다.

미룰 이유가 없었다. 바로 나는 참여 의사를 표했다. 자유로 님이 대부업체와 연락해서 해당 물건의 매수 의향을 표한 뒤 계약서를 준비해 주셨고 나는 계약금액, 인감도장, 인감증명서 등을 준비해서 대부업체를 방문하였다. 몇 가지 협의가 필요한 사안이 있었음에도 자유로 님의 명확한 조건 제시와 대부업체의 과감한 수용으로 손쉽게 계약을 할 수 있었다. 계약서에는 부동산 표시, 매수금액, 정산, 특약사항 등을 기록하였으며 경험이 많은 자유로 님의 도움으로 큰 문제 없이 계약서를 작성 날인할 수 있었다.

초보 경매인에게 전하는 경매 낙찰 경험담

▲ 천안지방법원에서 '자유로경매스터디' 동기들과

입찰 당일 일찍 천안으로 향했다. 당일 '자유로경매스터디' 동기분들이 많이 응원을 와 주었다. 모두 기대하는 것은 NPL로 아파트를 낙찰받는, 그것도 개인이 낙찰받는 역사적(?) 사건에 동참하고 싶은 마음이었을 것이다.

2차 유찰 물건이라 입찰자가 많이 몰릴 거라 생각은 했지만 채권최고액에 근접한 금액을 입찰금액으로 쓸 수 있는 NPL의 장점이 있는 터라 무리 없이 낙찰을 받을 수 있었다.

응원 온 스터디 멤버들과 즐거운 점심과 티타임을 한 후 나는 물건지로 향했다.

우선 물건지 주변의 부동산을 방문했다. 동, 호수를 말하고 얼마에 팔아 줄 수 있냐는 질문에 부동산 사장님은 단번(?)에 내가 낙찰자임을 알아보았다.

이 물건으로 인해 수도 없이 많은 사람이 다녀갔고 이로 인해 밤낮없이 시달렸던 것 같았다. 물건의 가격대 이야기를 하다 얼마에 팔아 달라 하니 깜짝 놀라는 눈치였다. "이 금액으로 팔면 경매낙찰보다 저렴해서 손해인데 괜찮으세요?" 한참을 생각하시던 사장님은 "혹시 NPL로 낙찰받으셨어요?"라고 질문을 던지셨고 그렇다고 하니 "아파트 NPL은 어렵다던데…."라고 말을 흐리면서 부러움 반, 경계 반의 눈초리로 쳐다보았다. NPL의 위력을 다시금 느끼는 순간이었다.
짧은 사장님과의 대화를 뒤로하고 물건지 아파트로 향했다. 당장 벨을 누르기는 실례인 듯해서 포스트잇에 연락처를 남기고 다시 서울로 돌아왔다.
다음 날 오전, 채무자로부터 전화가 왔다.
다짜고짜 본인의 사정을 30분가량 말씀하셔서 듣고 있다 보니 경매에 넘어가는 물건들의 사정이야 가지가지이지만, 평생을 통해 이룬 작은 그의 인생 흔적이 경매에 넘어가는 이런 어처구니없는 현실에 많이 당황스럽고 막막함을 느끼고 있는 것 같았다. 막내아들이 사업을 한다고 해서 집 담보에 동의했는데 사태가 이렇게까지 확대가 되고 보니 고희가 넘은 채무자는 답답한 심정인 듯했다.
이 물건은 지금도 진행 중인 물건이다. 개인적으로 안타까운 마음에 두 달가량의 시간을 드릴 테니 준비하시고 언제까지 집을 비워 달라고 요청한 상태다. 이분도 좋은 날이 오기를 기원해 본다.

처음 경매를 접하는 이들은 경매를 통해 경제적 자유를 얻고자 한다. 하지만 지금은 경매가 대중화되면서 특히 초보 경매인들이 많이 하는 아파트 같은 물건으론 경매 당사자가 원하는 정도의 큰 이득을 한 번에 남기기가 쉽지 않다.
그렇지만 경매를 배우고 나면 최소한 나의 재산을 조금 더, 잘 지킬 수 있을 거란 생각을 가져 본다. 어쩌면 경매는 남의 불행을 통해 이득을 본다는 과거 인식에서 자신을 지키는 커다란 무기로 시대적 인식 변화를 하고 있는 것인지도 모르겠다.

초보 경매인에게 전하는 경매 낙찰 경험담

★3건의 낙찰★

별빛가득

기억을 더듬어 가며 낙찰 후기를 남겨 봅니다.

5월 18일 다른 경매 물건에 패찰하고 패찰된 내용을 자유로 님과 되짚어 가며 대화하던 중 스터디 때 공유했었던 ○○아파트 입찰하실 생각이 있냐구 툭~~~ 던져 주셨습니다.

사실 ○○아파트는 오프라인 스터디 때 물건 분석과 사이버 임장을 통해 주변시세와 환경 등 향후 값어치에 대해 공유를 했던 물건이었습니다. 스터디 때 하도 브리핑을 하셔서 마치~ 내가 임장한 느낌까지 들 정도였던 ○○아파트~
앞으로의 시세가 우상향한다는 걸 같이 스터디를 한 회원들은 알 수 있을 정도로 상당히 좋은 입지 조건을 갖춘 물건이었습니다.

"입찰하실 마음 있으면 하세요~"
"진짜요~~??"
저는 1초도 고민 없이 덥석 물었습니다~ㅋ
"할게요~~!!!"
이미 은행 시간은 끝났고 입찰금은 아침 일찍 찾아도 되지만 그래도 내일 입찰인데…. 아무리 스터디 때 자유로 님께서 많은 내용을 공유해 주셨지만….
막상 내가 입찰하려고하니….

시세차액이 좋을거 라는 것은 알고 있었지만 좀 더 알아봐야 했습니다.

일단 한다고 했으니…. 자~~ 집중하자!! 밤새 사이버 임장부터 주변 시세조사를 하고 나니~~ 어느덧 새벽 5시~ 잠을 잘 수가 없었죠. 최소한 양심상~~ '사이버 임장을 마치고 현장 임장을 해야지.'라는 생각에 물건 주소지로 5시에 출발~

생각했던 거보다 너무 괜찮았습니다.

대단지인 데다가 입구 쪽 단지, 선호 동이라~

야~~ 호~~

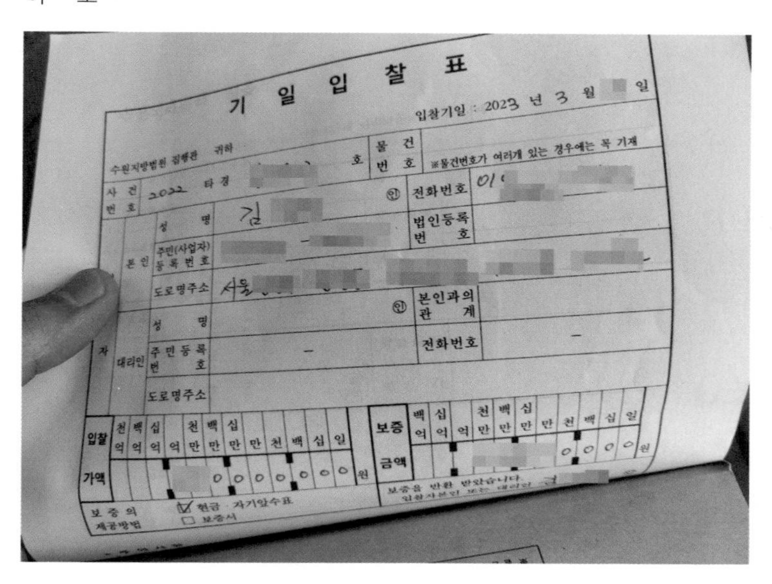

기 일 입 찰 표

입찰기일 : 2023 년 3 월 일

수원지방법원 집행관 귀하				물건번호	※물건번호가 여러개 있는 경우에는 꼭 기재
사건번호	2022 타경 호				
입찰자	본인	성명	김 ㊞	전화번호	01
		주민(사업자)등록번호	-	법인등록번호	
		도로명주소	서울		
	대리인	성명	㊞	본인과의 관계	
		주민등록번호	-	전화번호	-
		도로명주소			

입찰가액	0 0 0 0 0 0 0 원	보증금액	0 0 0 0 원
보증의 제공방법	☑ 현금·자기앞수표 □ 보증서	보증을 반환 받았습니다. 입찰자본인 또는 대리인	김

낙찰보증금을 찾고, 법원 근처에서 커피 한 잔의 여유를 가지며 낙찰금액을 결정했죠.

그러던 중 자유로 님 등장~ 저를 보는 자유로 님 표정을 잊을 수가 없었습니다.

왜냐하면~~~~!!!

그날 저는 선약으로 라운딩 일정이 잡혀 있어서 시간 관계상 골프 복장으로 왔기 때문이죠. 법정 내에서는 어찌나 저를 쳐다보던지~~~ 창피 그 자체였습니다. 자유로 님도 슬~ 슬~ 저를 피하는 눈치였어요.

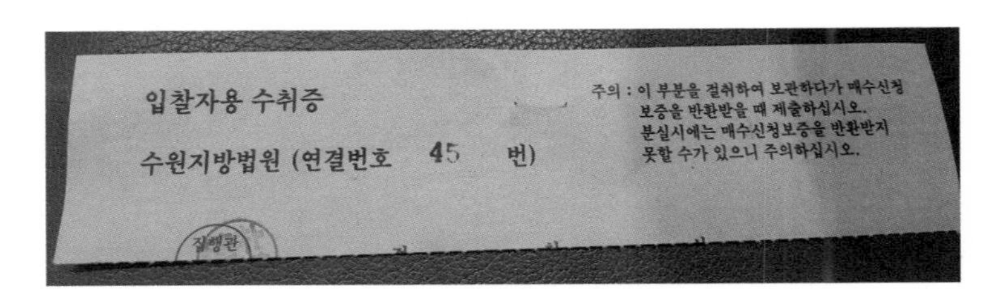
입찰자용 수취증
수원지방법원 (연결번호 45 번)
주의 : 이 부분을 절취하여 보관하다가 매수신청보증을 반환받을 때 제출하십시오. 분실시에는 매수신청보증을 반환받지 못할 수가 있으니 주의하십시오.

그러나 나는~ 아랑곳하지 않은 표정으로….

드디어 우리 물건의 발표 시간!!!!

아우~~~ 너무 떨리는 심장 소리를 어찌할꼬~ㅋㅋ

응찰자 12명~ '생각보다 많이 응찰을 안 했군. 보석을 못 알아본 것인가??'

헉!!!! 1등 낙찰!!!!!

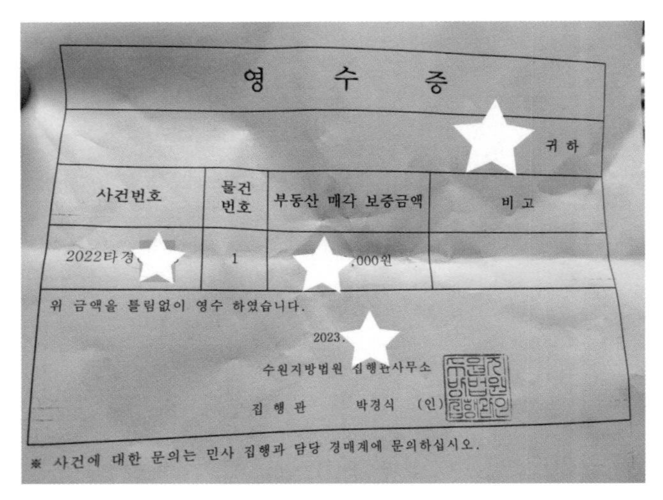
영 수 증

귀하

사건번호	물건번호	부동산 매각 보증금액	비 고
2022타경	1	,000원	

위 금액을 틀림없이 영수 하였습니다.

2023.

수원지방법원 집행관사무소

집 행 관 박경식 (인)

※ 사건에 대한 문의는 민사 집행과 담당 경매계에 문의하십시오.

축하의 메시지를 스터디 멤버들께 받으며 해당 부동산에는 주말에 방문하기로 하고 저는 약속 장소로 정신없이 달렸습니다. 주말에 자유로 님과 동행하여 음료수를 사 들고 낙찰받은 곳으로 찾아갔습니다. 현관문을 빼꼼히 열어 주는 채무자와 대면했는데,

채무자 : 돈 다 갚았으니까 경매 취하될 거예요. 그깟 돈 얼마나 한다고 이 난리들인지…. 돌아들 가세요!!

문전박대, 망연자실.

이게 도대체 무슨 상황인지…. 어찌 대처를 해야 할지….

답을 찾을 수 없었습니다. 그저 허탈함을 느낀 채 자유로 님과 저는 맥없이 발길을 돌려야 했습니다. 낙찰 물건을 예의 주시하면서 1주를 보냈는데 취하는커녕 아무 변화도 없었습니다.

반대로 채무자 쪽의 법무 대리인으로부터 전화가 왔습니다.

무슨 상황인지 몰라 자유로 님께 전화 부탁을 드렸고 그 결과 낙찰 취하 요청을 받게 됐습니다. 취하해 주는 조건으로 소정의 비용을 주겠다고….

단, 그 비용도 현재는 돈이 없으니 분할로 주겠다고….

낙찰받은 아파트의 시세 차익은 3천만 원 정도였습니다.

어찌해야 하나 고민하던 중 하나의 사실을 알게 됐습니다.

근저당에 의한 임의경매는 근저당 말소로 원인이 없어지면 낙찰도 무효 처리가 되지만 판결문에 의한 강제경매는 판결문 자체를 무효화해야 경매가 취소됩니다.

즉, 판결문의 무효화를 하려면 시간이 오래 걸린다는 사실을 알게 됐죠. 채무자 쪽의 분할로 사례를 하겠다는 내용은 시간을 끌기 위함이란 걸 알게 됐습니다.

계획한 대로 잔금을 치르기로 했습니다. 사업 일정으로 해외에 가 있는 자유로 님께 엄청 전화를 해 가며 쉽지 않았지만 순조롭게 잔금을 마무리 지었습니다.

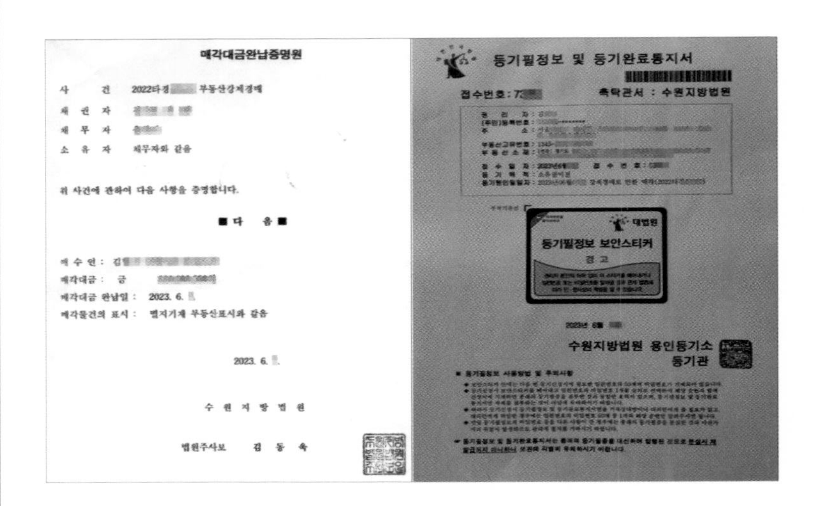

매각대금완납증명원

사 건 2022타경 부동산강제경매
채 권 자
채 무 자
소 유 자 채무자와 같음

위 사건에 관하여 다음 사항을 증명합니다.

■ 다 음 ■

매 수 인 : 김
매각대금 : 금
매각대금 완납일 : 2023. 6.
매각물건의 표시 : 별지기재 부동산표시와 같음

2023. 6. .

수 원 지 방 법 원

법원주사보 김 동 숙

등기필정보 및 등기완료통지서

접수번호 : 73 촉탁관서 : 수원지방법원

대법원
등기필정보 보안스티커
경 고

2023년 6월

수원지방법원 용인등기소
등기관

잔금을 치르며 인도명령 신청도 했고 그 이후로 한 달의 시간을 드렸음에도 연락이 안 되어 강제집행 신청을 통해 1차 계고가 진행됐습니다.

채무자 겸 소유주의 점유일 때 인도명령 결정문이 송달됐다면 강제집행을 신청할 수 있습니다. 단, 세입자의 경우 배당일 이후 7일 뒤부터 강제집행 신청이 가능합니다. 법원마다 다르겠지만 점유자가 있으면 계고는 1차~2차로 진행한다는 집행관의 얘기를 들었습니다(2차 계고는 1차 계고일 이후 2주 뒤에 신청 가능합니다).

1차 계고 이후 채무자 겸 소유자와의 원만한 해결을 통해 명도를 완료했으며 7월 말인 지금은 인테리어를 하며 전세 세팅을 진행하고 있습니다. 현재 시점으로 시세차익은 5천만 원 정도 되는 거로 확인했는데 향후 어느 정도의 시세차익이 날지 기대하고 있습니다.

전

후

공투자로서 치열하게 노력해 주신 자유로 님과 함께 스터디를 하며 응원해 주신 자유로경매스터디 멤버분들께 감사의 말씀 전해 드립니다.

모두 성공적인 투자하세요~^^ 파이팅!!

자유로 경매 스터디 경매 + NPL

1판 1쇄 발행 2023년 09월 26일

지은이 한재균

교정 주현강 **편집** 양보람 **마케팅·지원** 김혜지
펴낸곳 (주)하움출판사 **펴낸이** 문현광

이메일 haum1000@naver.com **홈페이지** haum.kr
블로그 blog.naver.com/haum1000 **인스타** @haum1007

ISBN 979-11-6440-420-9 (13320)

좋은 책을 만들겠습니다.
하움출판사는 독자 여러분의 의견에 항상 귀 기울이고 있습니다.
파본은 구입처에서 교환해 드립니다.